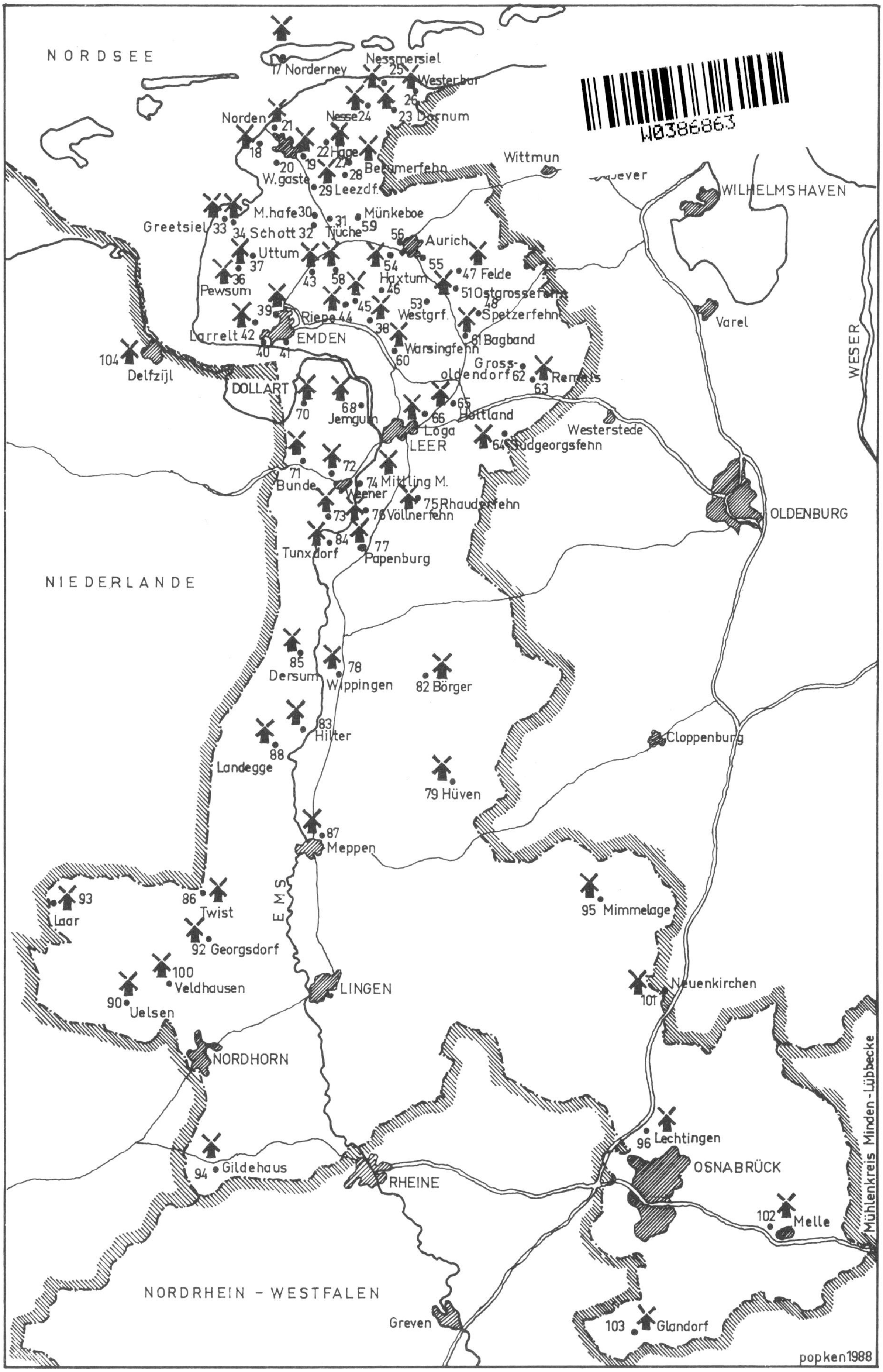
NORDSEE
17 Norderney
Nessmersiel
25
Westerbur
26
23 Dornum
Norden
Nesse 24
21
18
22 Hage
27
20
19
28
Berumerfehn
W.gaste
29 Leezdf.
Wittmun
Jever
WILHELMSHAVEN
M.hafe 30
Münkeboe
Greetsiel 33
31
59
34 Schott 32
Tjüche
56
Aurich
Uttum
37
55
47 Felde
36
43
58
Hxtum
Pewsum
46
51 Ostgrossefehn
48
39
45
53
Westgrf.
Spetzerfehn
Riepe 44
Varel
38
Larrelt 42
EMDEN
61 Bagband
WESER
104
Warsingfehn
40
41
60
Delfzijl
Gross-
oldendorf 62
Remels
DOLLART
63
68
65
70
Jemgum
66
Holtland
Loga
Westerstede
LEER
64 Südgeorgsfehn
72
71
Bunde
74 Mittling M.
Weener
75 Rhauderfehn
OLDENBURG
73
76 Völlnerfehn
84
77
Tunxdorf
Papenburg
NIEDERLANDE
85
78
Dersum
Wippingen
82 Börger
83
Hilter
Cloppenburg
88
Landegge
79 Hüven
87
Meppen
93
86
Twist
Laar
EMS
95 Mimmelage
92 Georgsdorf
100
Veldhausen
101
Neuenkirchen
90
LINGEN
Uelsen
NORDHORN
Mühlenkreis Minden-Lübbecke
96
Lechtingen
94
Gildehaus
OSNABRÜCK
RHEINE
102
Melle
NORDRHEIN - WESTFALEN
Greven
103
Glandorf
popken 1988

Windmühlen · Symbole einer Landschaft

Friedrich der Große
und der Müller
„Gleiches Recht für jedermann“

Hans-Bernd Rödiger
Ingo Hashagen
Adolf Popken

Windmühlen

Symbole einer Landschaft in Oldenburg, Ostfriesland, im Emsland und Osnabrücker Land

Band II: Ostfriesland, Emsland
und Osnabrücker Land

Verlag: C. L. Mettcker & Söhne
Vertriebs- und Verlagsgesellschaft mbH

Alte Mühlen dürfen nicht weiter verfallen

Tausende von Wind- und Wassermühlen waren einst nicht nur die Grundlage eines bedeutenden Handwerks, sondern gaben auch der Landschaft von der Nordseeküste bis zu den Alpen ein besonderes Gepräge, das von Malern, Dichtern und Komponisten immer wieder festgehalten und beschrieben wurde.

Die letzten der noch verbliebenen Mühlen, die das nunmehr fast hundertjährige Mühlensterben überstanden haben, dürfen nicht weiter verfallen. Sie sollen als Zeugen eines besonders interessanten Kapitels unserer Kultur-, Sozial- und Technikgeschichte erhalten und, soweit möglich, wieder instand gesetzt werden.

Es ist das Ziel der *„Deutschen Gesellschaft für Mühlenkunde und Mühlenerhaltung“ (DGM)* in 4950 Minden, Portastraße 13, die am 24. Oktober 1987 gegründet wurde und mit ihrer Forderung, die „ältesten Maschinen der Menschheit“ auch in Deutschland nicht in Vergessenheit geraten zu lassen, in der Öffentlichkeit mit dem nebenstehenden Symbol immer nachhaltiger in Erscheinung zu treten.

Mit dem Emblem für Wind- und Wassermühlen wird in der Öffentlichkeit für die „molinologische Denkmalpflege“ geworben. Mit großem Einsatz öffentlicher und privater Mittel sowie einem bewundernswerten ehrenamtlichen Engagement wird die Instandsetzung und Wiederinbetriebnahme historischer Mühlen gefördert.

Verlag und Druck:
Buch- und Offsetdruckerei C. L. Mettcker & Söhne,
Vertriebs- und Verlagsgesellschaft mbH.

1. Auflage
Lithographie: OKA GmbH, Osnabrück
ISBN 3-87542-002-0

Die Verfasser danken nachstehenden Personen für Korrekturen, Ergänzungen und Anregungen:
Frau Margrit Hashagen, Herrn Lükko Schoof
und Herrn Gerd Saathoff für deren Beiträge;
Herrn Dietmar Böttcher für die Gesamtgestaltung;
Herrn Samtgemeindedirektor Dirks, Samtgemeinde Hage;
Herrn Gemeindedirektor Hardieck und
Herrn Folkert Tjaden, Gemeinde Großheide;
Herrn Dirk Dirks, Marienhafe;
Herrn Gemeindedirektor Konopka und
Herrn Wittor, Gemeinde Großefehn;
Herrn Samtgemeindedirektor Hartmann, Samtgemeinde Hesel;
Herrn Watzema, Stadt Leer;
Herrn Alberring, Gemeinde Westoverledingen;
Herrn Ludwig, Gemeinde Rhauderfehn;
Frau Inge Stellamanns geb. Haase, Emden;
Herrn Gemeindedirektor Tammen, Gemeinde Ihlow.

Inhaltsverzeichnis

Die angeführten Bezeichnungen hinter den einzelnen Mühlen sind nach TIMNI (The International Molinological Number Index) angegeben.
D = Deutschland; NS = Niedersachsen; 4 = Im Erscheinungsbild intakte Mühle; 5 = Mühlenruine bzw. nicht mehr vorhanden.

Berittene Akademie der Künste und Wissenschaften zu Dülken 1829

Unter den vielen Mühlen in dieser Welt gibt es einige, die berühmter wurden als andere. Miguel de Cervantes machte mit seinem „Don Quijote de la Mancha“ die spanischen Windmühlen berühmt; der Kampf gegen die Windmühlenflügel wurde zu einem Sprichwort.

Die Mühle von Sanssouci wurde bekannt wegen der Querelen des Müllers mit dem König. Das „Moulin Rouge“ in Paris ist weltberühmt als Tanzkabarett.

Weit über die Grenzen hinaus bekannt ist auch die Narrenmühle der Dülkener Narrenakademie am Niederrhein. Für Norddeutsche mag dieses närrische Treiben manchmal unverständlich sein. Dennoch haben Narretei und Weisheit vieles miteinander zu tun.

„Der ist nicht ganz weise,
der nicht einmal ein Narr sein kann.“

1554 soll die Narrenakademie gegründet worden sein. Spätestens 1741 werden dort Doktorurkunden („humoris causa“) verliehen. Einmal im Jahr reiten die Senatoren auf Steckenpferden um die Mühle. Ursprünglich war es die 1505 erstmalig erwähnte Tränkemühle. Diese Bockwindmühle wurde am 9. September 1800 bei einem Orkan umgeworfen, nach dem Wiederaufbau 1801 brannte sie am 2. Oktober 1880 ab. Später diente die 1809 am Gladbacher Tor durch Wittib Holtz erbaute Kornmühle, die im Jahre 1906 von der Stadt Dülken erworben wurde, als Narrenmühle; sie wird seit 1937 von der Narrenakademie genutzt und betreut. Nicht nur Goethe erhielt den Ehrendoktor, berühmte Namen reihen sich ein: Schelling, Görres, Adenauer, Ernst Neger, Werner von Braun (der sich entschuldigte, daß er bei der Erstbesteigung des Mondes nicht die Erlaubnis der „Monduniversität“ eingeholt habe) und der erste Mann auf dem Mond, N. Armstrong. Auch Salvatore Dali korrespondierte mit der Akademie, die im Obergeschoß der Mühle ihren „Großen Weisheitssaal“ eingerichtet hat, in dem Beschlüsse von unfaßbarer Weisheit entstehen . . . !

„In Schurken und Narren
teilt sich die Welt!“

Halten wir es lieber mit den Narren und reiten unser Steckenpferd, die Mühlenerhaltung, -kunde und -geschichte, weiter!

Für jeden gibt es was von Wert,
für das er lebt und streitet,
und jeder hat sein Steckenpferd,
auf dem er gerne reitet.

Heinz Ehrhardt

Wenn es ein Bauwerk gibt, das dem Küstengebiet sein unverwechselbares Gepräge verleiht, dann ist es die Windmühle in ihren verschiedenen Typen, die über Jahrhunderte die hier reichlich und kostenlos gebotene Energiequelle genutzt hat. Mit ihr wurden nicht nur Korn gemahlen, geschält oder gequetscht, Eichenrinde zu Borkmehl fürs Gerben vermahlen, sondern auch Wolle gewalkt, Lumpen gestampft für die Papierherstellung, Holz zersägt und vor allem Wasser geschöpft: sie war eine vielseitig einsetzbare Maschine. Und sie hat in dem Müller einen Berufsstand mit den Eigenschaften eines Unternehmers geformt. Bei der großen Bedeutung der Landwirtschaft in unserem Küstengebiet stellten besonders die wasserschöpfenden und kornmahlenden Windmühlen ein unverzichtbares Glied in der Produktionskette dar. Menschlicher Erfindergeist hat sie zu technischen Wunderwerken entwickelt, an deren Ende und Spitze der mehrstöckige Galerieholländer stand mit seiner drehbaren Kappe und einer Windrose, durch die die Kappe samt Flügelkreuz selbsttätig in den Wind gestellt wurde.
Aber der technische Fortschritt überholte schließlich auch die Windmühlen selbst. Der preiswertere und kostengünstigere Elektromotor ließ der Windmühle keine Überlebenschance: das große Mühlensterben setzte ein, und mit ihm schwanden die Kenntnisse und Fertigkeiten des Mühlenbauhandwerks mit dem Wechsel der Generationen dahin. Die Küstenlandschaft verlor einen ihrer hervorragendsten Gesichtszüge. Und wie so häufig, schärfte erst dieser Verlust das Bewußtsein dafür, daß dieses nutzlos gewordene wirtschaftliche Bauwerk auch ein erhaltenswertes kulturelles Zeugnis darstellte: ein technisches Kulturdenkmal, einer der historischen Bezugspunkte, an denen sich die Menschen in ihren jeweiligen Lebensräumen zu orientieren vermögen, ein Erkennungszeichen ihres Zuhause.
Dieser Bewußtseinswandel hat zunehmend breitere Bevölkerungskreise erfaßt. Waren es am Anfang eher einzelne Idealisten, die sich, nicht selten unter persönlichen Opfern, um den Erhalt verbliebener Mühlen bemühten, so sind heute zahlreiche lokale Initiativen, private Vereine, öffentliche Institutionen hinzugekommen, die sich dieser Sache annehmen und dafür die Unterstützung der Kommunen, des Landes und der Wirtschaft gewinnen. Zugleich werden Schritte unternommen, die eine Aus-, Fort- oder Weiterbildung im Mühlenbauhandwerk sicherstellen wollen. Ja, inzwischen geht es nicht mehr allein darum, die noch vorhandenen Mühlen zu erhalten, sondern ebenfalls schon verschwundene wiedererstehen zu lassen.
Dies bringt zunehmend erhebliche Probleme mit sich sowohl hinsichtlich der vertretbaren Finanzierung als auch der angemessenen Nutzung dieser kulturellen Denkmäler; und es stellt sich mithin auch die Frage nach einer sinnvollen Begrenzung.
Auf der anderen Seite entstehen neue wirtschaftliche Windkraftanlagen zur Stromerzeugung, die dem Anblick unserer Landschaft einen weiteren Stempel aufzudrücken beginnen. Tradition und Moderne begegnen sich jetzt hier in ihren unterschiedlichen Formen und Funktionen; und in beiden Fällen gilt es, zwischen Möglichkeit, Wirklichkeit und Verträglichkeit eine ausgesprochene Beziehung herzustellen.

Dr. H. van Lengen
Ostfriesische Landschaft

Die „Mühlen“-Küche

Auch eine Sammlerin in Jever
ist dem Mühlenmotiv verfallen und stattet ihre Küche
mit entsprechenden Gegenständen wohnlich aus.

Unter der Überschrift „Von Mühlen beflügelt“ berichtete die Zeitschrift „Schöner Wohnen“ im Februar 1987 über Küchengeräte aus der Zeit der Jahrhundertwende, die alle mit blau-weißen Mühlenmotiven versehen sind. Der mit einem Pseudonym genannte Sammler hat neben dem ehemaligen „Mühlen“-Sammler Lehmann, Esens, vgl. Sammler-Journal August 1985, eine der größten Sammlungen von Küchengeschirr, Geräten und Einrichtungsgegenständen mit Mühlenmotiven zusammengetragen. Gerd Kühnast aus Nordfriesland sammelt dagegen ausschließlich Fliesen mit Mühlenmotiven. 1980 stellte er seine Sammlung im Deutschen Schiffahrtsmuseum Bremerhaven aus. Dazu gab es damals eine kleine Sonderschrift mit einer Einleitung von Gert Schlechtriem. Aber auch das Sammler-Journal berichtete darüber im September 1980. Noch heute stellen die Fliesenfabrik von Maaike und Henk Oswald in Harlingen (Niederlande), wo im Museum auch noch die alten Schablonen früherer Fliesenfabrikation aufbewahrt werden, oder die Mitbewerber-Fabrik Tichelaar in Makkum (Niederlande) nach alter Tradition wertvolle Fliesen mit Mühlenmotiven her. Mühlen als Motiv erschienen in der ersten Hälfte des 17. Jh. vereinzelt auf Fliesen. Heute hat die Andenkenindustrie das Mühlenmotiv zur Verzierung von Aschbechern, Blumenvasen und anderen Gegenständen wiederentdeckt und bietet – leider in meist kitschiger Form – Erinnerungsstücke an den Urlaub in Norddeutschland an.

Mit der Herausgabe des II. Bandes über die noch bestehenden Windmühlen wollen die Verfasser den gesamten Raum des Regierungsbezirks Weser-Ems abdecken, um einerseits die „beflügelten“ Schönheiten der Landschaft zu erfassen, dem interessierten Leser Geschichte zu vermitteln und zum anderen auf die dauernde Aufgabe zur Erhaltung dieser Landschaftsbestandteile aufmerksam zu machen. Wenn man bedenkt, daß z. B. im kleinen Gebiet der Wesermarsch über 50 Entwässerungswindmühlen und -windturbinen oder im Gebiet der Krummhörn (nach D. Janßen, Emden) alle 61 Wasserschöpfmühlen, davon einige erst Ende der 50er Jahre, eine sogar erst 1961 abgebrochen worden sind, wenngleich die von Groß Sande am Großen Meer erst nach einem abenteuerlichen Weg fast an den alten Standort zurückgekehrt ist (jetzt zur Bewässerung eines Biotops), dann ist das kein Beispiel für eine gute Denkmalpflege, zumal die Entwässerungsmühlen lebenswichtige Funktionen zur Trockenlegung niedriger und daher besonders gefährdeter Überschwemmungsgebiete hatten. Auch die wenigen Paltrockmühlen, die als Sägemühlen fungierten, sind endgültig verloren, wenn nicht eine versetzt oder neu gebaut würde. Machen wir es in unserer oder in späteren Generationen also besser. Retten wir die letzten Korn- und Pellmühlen und die wenigen Entwässerungswindmühlen. Der Wunsch nach Wiederherstellung von schon verfallenen Mühlen, der bereits im I. Band zum Ausdruck gebracht wurde, ging schon teilweise in Erfüllung. So ist besonders die Initiative in Esens zu loben.

Die Mühle Bogena erhielt am 10. November 1988 eine neue Kappe. Spätere Generationen werden dankbar sein für diese Rettung! Auch Heidmühle hat in Erinnerung an seinen Namengeber eine im Maßstab 1:2 von Angehörigen des Fliegerhorstes Upjever liebevoll errichtete Windmühle erhalten, deren Größe als Entwässerungsmühle ausgereicht hätte, wie das Beispiel am Großen Meer in Ostfriesland zeigt.

Aber noch weitere Windmühlen wurden restauriert. So wurde in Utarp ein kleiner Erdholländer neu aufgebaut, der vorher in Victorbur stand. Bevor die Mühle im Jahre 1930 nach Victorbur umgesetzt worden und als Mahlmühle umgebaut worden war, stand sie bis dahin im Wirdumer Aaland als Wasserschöpfmühle.

Die Mühle Aurich-Sandhorst soll vom dortigen Mühlenverein (Vors. Wendeling) wiederhergestellt werden.

Der Achtkant des Galerieholländers in Großheide (Lks. Aurich) wurde 1974 in die Niederlande verkauft, nun sucht der örtliche Heimatverein (Vors. Fleßner) einen Ersatz.

Der Galerieholländer in Ditzum soll noch ab 1988 in mehreren Abschnitten erneuert werden.

Die Mühle Berdum (Bd. I, S. 35) erhielt neue Segelflügel für 55 000,– DM (Mühlenbaumeister Janßen, Westoverledingen).

Für den Galerieholländer Rysum wurde ein Achtkant aus Gyby bei Schleswig angeschafft.

Und nach Burlage (Lks. Leer) „wanderte“ ein Achtkant aus Kaltenkirchen bei Hamburg; der Heimatverein (Vors. B. Ficken) will die Mühle zur Stromerzeugung (60 kW) herrichten.

Über das Mühlenwesen in Ostfriesland schrieb schon 1792 J. C. Freese ausführlich. Noch zu dieser Zeit war Mahlen auf den Inseln per Handmühlen Arbeit der Frauen; 1252 ist schon im Hunsinger Landrecht verankert: „Wersa Mon nime en Wif tho quern“ (wenn ein Mann ein Weib zum Mahlen annimmt). Freeses Aufsatz behandelt das Mühlenregal, die Mühlenarten, Matt- und Geldmühlen (VO der Gräfin Anna von 1545), die eingeschränkte Verwendung von Roß- und Handmühlen, wobei lt. Anordnung von 1772 „auf einer jeden Roßmühle nicht mehr als zwey Pferde gehalten und adhibiret (d. h. benutzt) werden sollten“, und schließlich auch die wichtige Mühlenbrandsozietät; 1708 scheiterte eine Brandgilde an der religiösen Auffassung, daß Feuerschaden ein Gottesurteil sei.

Die neue Mühle in Utarp

Eine Feuerversicherung allein genügt aber nicht zur Mühlenerhaltung. Die Mühlen würden ganz verschwinden, würde es nicht genügend Leute geben, die an den Mühlen „ihren Narren“ gefunden haben. Und daß Mühle und Narren korrespondieren können, zeigt die berühmte Dülkener Narrenakademie im Landkreis Viersen, die in der dortigen Narrenmühle (Bockwindmühle) – sie ist das Wahrzeichen der Dülkener Narretei – ihren Weisheitssaal eingerichtet hat. Und im Gegensatz zu denen, die auf „dem hohen Roß sitzen“, reiten die „Senatoren“ einmal im Jahr (am 11. November) auf dem Steckenpferd um die Mühle.

Wünschen wir also, daß das Mühlenwesen für manchen das Steckenpferd bleiben und die Weisheit ausreichen möge, diese Symbole unserer Landschaft auch in der Zukunft zu erhalten.

Wir danken allen, die bei der Herstellung dieses Buches geholfen haben.

Margrit Hashagen

Von Grütze und Grützmachern

Trotz der im 18. Jahrhundert eingeführten Kartoffel war Grütze bis vor gut 50 Jahren eines der wichtigsten Grundnahrungsmittel im ländlichen Ostfriesland. In den bäuerlichen Haushalten gehörten Suppen oder Brei (Bree) mit Einlagen von Gerstengrütze (Schillgört – von Schälen abgeleitet), Roggenmehl oder Hafergrütze (Havergört), in Buttermilch (Karmelk) gekocht, mit zum wichtigsten Bestandteil der täglichen Morgen- und Abendkost. Dazu gab es dann wohl einen Knust des derben, selbstgebackenen Schwarzbrotes mit Butter oder Vorgericht Bratkartoffeln oder Aufgewärmtes vom Mittag oder vom Vortag. Für die Hausgenossen und die Dienstboten war die täglich sich wiederholende Kost wohl manchmal ein Grund zum Maulen, doch die treusorgende Hausmutter mußte möglichst das auf den Tisch bringen, was im eigenen landwirtschaftlichen Betrieb heranwuchs. Und dazu gehörte Roggen, Gerste, Hafer und in den Moorgebieten Buchweizen. Trotz aller negativen Vorurteile hat sich Buttermilchbrei (Karmelksbree) mit Einlagen aus Gerstengrütze, von einer Molkerei in Leer kochfertig hergestellt und in Plastiktüten abgefüllt, bis auf den heutigen Tag einen Platz im Speisezettel der Ostfriesen bewahrt, nicht zuletzt auch aus gesundheitlichen Gründen.

Schäl- oder Peldemühlen,
früher auch konzessionspflichtig, hat es in Ostfriesland in großer Zahl gegeben, meistens in Verbindung mit einer Getreidemühle. Zur Verarbeitung von Gerste (Garst) waren sie mit einem oder zwei Peldegängen ausgerüstet, die in der Regel bei den Galerieholländermühlen auf dem Galerieboden angebracht waren.

Vielseitige Verwendung von „Schillgört“
Dicke Grütze wurde auch für die Herstellung eines Festgerichtes, „Gört mit Plumen“ (mit Pflaumen), gebraucht. Zu den möglichst am Vorabend eingeweichten Graupen wurde eine Beilage aus Backpflaumen, Trokkenäpfeln und Rosinen gegeben.
„Dicke Grütze“ war auch der Bestandteil von „Gört in't Pann“, einem sehr nahrhaften Essen während der winterlichen Schlachtzeit. Hierzu wurde Grütze in der fetten Brühe gekocht, mit welcher später Speck- und Fleischstücke vermischt wurden. Ein möglichst einfach zu bereitendes Essen am Samstagmittag war in Wasser gekochte Graupensuppe mit einer Fleisch- und Speckeinlage. Auch zur kargen Soldatenkost gehörten die berüchtigten Kälberzähne. Eine Spezialität in den Marschgegenden war die sog. „Kokergört“. Die trokkene Grütze wurde in ein mit Deckel versehenes Blechgefäß gefüllt und in einen Wasserkessel (zum Garen) gehängt.

Hafergrütze
In den Geestgebieten, den sandigen Landstrichen im Landesinneren Ostfrieslands, diente vorwiegend der Hafer für die Bereitung der Grütze, der „Havergört“, einem Spezialartikel Ostfrieslands. Hergestellt wurde die Hafergrütze vorwiegend in kleinbäuerlichen Betrieben von den „Görtmakers“. Die Hafergrütze fand vielseitige Verwendungsmöglichkeiten im Haushalt, und zwar als Einlage für Buttermilchbrei, für den in den Wintermonaten so beliebten Grünkohl als Andickmittel, als Zusatz zu Kohlwurst bei der Hausschlachterei und nicht zuletzt als Kükenfutter.
Wintergerste brachte nur auf den guten Marschböden befriedigende Erträge, weswegen der auf den leichteren Böden der Geest gut gedeihende Hafer hauptsächlich zur Herstellung von Grütze Verwendung fand, und zwar vor allem in der Lohnverarbeitung. Damit beschäftigten sich zahlreiche nebengewerbliche, kleine Grützmüllereien (Görtmaker), die bis zu den 50er Jahren Bestand hatten und jetzt restlos verschwunden sind.

Darren und Schälen
Für die Schälarbeit war nach der Reinigung das Dörren oder Darren des Haferkorns unumgänglich, da die Spelze wesentlich fester als beim Gerstenkorn um das Haferkorn gelagert sind. Nach dem Darren über einem Torffeuer und anschließender Abkühlung ging das Korn über eine hand- oder pferdebetriebene Steinschrotmühle mit weitgestellten „Brechsteinen“ zur Entfernung der Schalenteile (Bulster). Nach einem Arbeitsgang über die Windfege oder die Wanne und einem eventuellen zweiten Durchgang durch die Mühle ließ man das enthülste Korn über den „Sichter“, eine aus durchlöcherten Schaffellen hergestellte Siebanlage, laufen. Das Ergebnis dieser mühseligen Arbeit war eine Ausbeute von höchstens 60 Prozent.
Die gewerblichen Hersteller von Hafergrütze in den Mühlen waren in älterer Zeit auch nicht von der so wichtigen Arbeit des Darrens befreit, was viel Schwierigkeiten bereitete. Nach Auskunft von der Familie eines früher recht bedeutenden Grützmüllers wurde anfangs in einem großen Backofen, dann auf einer Darre mit Ausmaßen von 2 x 3 Metern und später auf einer mit Koks beheizten Durchlaufanlage gedarrt. In den Kriegs- und Nachkriegsjahren stieg der Bedarf an Grütze und Haferflocken sprunghaft an. Gerüstet für den größeren Bedarf waren die Mühlenbesitzer, die bereits über Walzenstühle mit den dazugehörenden Maschinen verfügten. Als Notlösung konnte man auf das Darren verzichten, wenn man das Korn zum Entfernen der Spelze zweimal über die Spitz- und Schälmaschine und anschließend über den Auslesetisch zur Entfernung noch anhängender Schalenteile laufen ließ. – Zur Herstellung von den in großem Umfang für die Kinderernährung benötigten Haferflocken schickte man die Grütze über Glattwalzen aus Eisen.

Gerd M. Saathoff, Aurich

Die alte Marktsiedlung um die Lambertikirche in Aurich fiel in der Sächsischen Fehde 1514 einem verheerenden Brand zum Opfer. Der Ort wurde planmäßig neugegründet. 1529 ließ Graf Enno II. von Ostfriesland eine neue Stadtbefestigung, bestehend aus einem Wall und zwei Gräben, wobei der Stadtwall in drei Abschnitte gegliedert wurde, anlegen. Die gemeinsam herrschenden Grafen Enno II. und Johann gaben der neuen Stadt 1539 eine städtische Ordnung. U. a. wurden die zwei Ämter von Schüttmeistern, die als Aufsichtspersonen für Wall, Gräben und Tore zuständig waren, eingerichtet. Auf dem Abschnitt „Neustädter Wall" wurde 1539 die Auricher „Stadtmühle" (oder Wallmühle) errichtet. Sie war ein Geschenk der Grafen an die Stadt mit der Zweckbestimmung, daß aus den Einkünften der Mühle die Stadt die Befestigungsanlagen unterhalten solle. Nach Kleeberg (Nds. Mühl.-G.) soll das gräfliche Haus 1567 die Mühle gegen den Widerspruch der Bürger wieder an sich genommen haben. Es mag dieses aber auch nur ein Versuch gewesen sein, denn 1754 wird sie als Kornmühle des Magistrats auf dem Wall (Priv.-M.) bezeichnet. Seit 1624 liegen die Müllernamen vor. 1806 wurde eine neue Holländermühle errichtet (der Grundstein steht heute bei der Stiftsmühle), die später um zehn Fuß (ca. 3 m) erhöht wurde, was an der anderen Steinsorte erkennbar ist. 1919 wurde die Mühle durch Sturm beschädigt. Der damalige Eigentümer Egbert J. Schoon ließ das Oberteil abbrechen und veräußerte es später für den Wiederaufbau der Greetsieler östlichen Mühle. Der Mühlenstumpf ist heute Lagerraum. Die Stadt Aurich hatte eine Reihe weiterer Mühlen, und zwar sowohl Wind- als auch Roßmühlen, im 16. Jh. sogar eine Wassermühle. U. a. gab es eine Sägemühle, Papiermühle, Roßölmühle, Roßmühle zum Schroten für eine Kornbranntweinbrennerei und – besonders hervorzuheben – eine Roßmühle zum Auswalzen von Silberbarren zu münzgerechtem Silberblech. Sie soll (nach Kleeberg) 1760 errichtet worden sein. Das kann zutreffen, weil 1752 die „Alte Münze" eingerichtet wurde, die bis 1763 bestand.

Mühlen in der Philatelie

Wer einmal den „Klaps von der Mühle“ bekommen hat, den läßt er nicht so leicht wieder los. Es beginnt vielleicht mit dem Interesse, Mühlen zu besuchen, zu fotografieren und zu studieren. Man wird vielleicht auch ein Mitglied einer Mühlenvereinigung. Man beginnt Mühlen zu sammeln aus Büchern, Zeitschriften, Zeitungsausschnitten, alten Akten, auf Gemälden, alten Stichen, Kacheln, Streichholzschachteln, Löffeln, Wandborten, Geldscheinen, Postkarten und Briefmarken.

Mühlen, die in unserer Vereinigung (Vereinigung „windmill study unit“, WSU, Präsident Wim Bosman, Krepelstraat 2, NL 2381 Zoeterwoude, Niederlande) behandelt werden, sind Roßmühlen, Tretmühlen, Wasserrad-, Windmühlen und auch die modernen „Windmaschinen“.

In den oben gezeigten Abbildungen wird Philatelie gezeigt mit dem Thema „Mühlen“. Offene Bockwindmühlen, als dem ältesten Typ der Mühle, mit fast senkrecht stehenden Flügeln zeigen von links nach rechts eine Briefmarke aus der Ukraine aus dem Jahre 1921. Der Urtyp mit kubusförmigen Kasten. Dann eine Marke aus den Vereinigten Staaten aus dem Jahre 1980 und die Abbildung der Bockwindmühle aus Ballstädt in der Deutschen Demokratischen Republik als technisches Baudenkmal aus dem Jahre 1981. Die unteren Marken aus den Niederlanden, herausgegeben 1963, zeigen eine Bockwindmühle mit geschlossenem Sockel, eine nordholländische Entwässerungsmühle als Innendreher und eine südholländische Entwässerungsmühle mit Steert und Segelflügeln. Die Zuschläge auf den Marken wurden für die bauliche Unterhaltung verwendet.

Eine Touristenattraktion ersten Ranges ist das Internationale Mühlenmuseum in Gifhorn an der Bromerstraße. Die Stadt, der Landkreis und der Betreiber Horst Wrobel haben es nicht an Aufwendungen fehlen lassen, um eine interessante und lehrreiche Erholungslandschaft zu gestalten. An einem 5 ha großen Mühlensee neben dem Gifhorner Schloß wird seit 1979 alles durch den gelernten Graphiker erstellt, was Mühlen betrifft, einschließlich eines zünftigen Gifhorner Mühlen-Edel-Kornes.
Bis heute sind sieben originalgroße Mühlen errichtet neben einem zentralen Ausstellungsraum von 800 m² Größe mit ca. 40 naturgetreuen und maßstabsgerechten Modellen aus der ganzen Welt.
Die Windmühle „Immanuel" von 1848, ein Bergholländer mit Windrose und Segelflügeln wurde in Schleswig-Holstein erworben und nach hierher gebracht, ebenso wie die 1882 in Osloss/Kreis Gifhorn erbaute Bockwindmühle mit offenem Sockel und Segelfügeln und die Tiroler Wassermühle mit 2 oberschlächtigen Wasserrädern, die heute mit Strom mahlt. Nachbildungen und Neubauten nach alten Plänen sind die links im Bilde sichtbare griechische Windmühle von der Insel Mykonos und der 32 m und 8 Stockwerke hohe Galerieholländer mit Steert und Segelflügeln rechts im Bild. Er wurde 1887 in Berlin-Sanssouci erbaut und 1945 zerstört. Bei der Einweihung im Juni 1984 nahmen der Berliner Senator für Umweltschutz und der Prinz von Hohenzollern, Christian Sigesmund, teil.
Als Symbol der Beziehungen zwischen der UdSSR und der BRD, wie es der sowjetische Generalkonsul nannte, ist die 32 m hohe originalgroße ukrainische Galeriewindmühle mit Steert und Segelflügeln und einem 500 m² großen Ausstellungsraum im September 1988 der Öffentlichkeit übergeben worden. Sie wurde durch einen serbisch-orthodoxen Bischof feierlich auf den Namen „Natascha" getauft und erforderte einen Bauaufwand von mehr als einer Million DM. Demnächst sollen eine protugiesische Windmühle und eine Schiffsmühle folgen, die vom Wasser des Flüßchens Ise betrieben wird. Mehr als 130 000 Besucher bewundern jedes Jahr dieses „Internationale Mühlenmuseum in Gifhorn".

Kurzführung durch einen Galerieholländer

Durch Besteigen der einzelnen Böden einer Windmühle kann man das Innere dieses letzten Windmühlentyps verdeutlichen. Die Treppen sind steil, weil der Platz knapp und eine steile Treppe schneller zu begehen ist. In der Greetsieler Mühle hängt ein Schild: „Seien Sie langsam und vorsichtig wie die Ostfriesen und nicht so schnell und voreilig wie die Deutschen . . .“

Mahlsoller

Der 1. Boden, der sog. Mahlsoller, ist der Hauptarbeitsraum des Müllers. Hier wird, was von den Mahlsteinen und Mischmaschinen kommt, abgesackt, abgewogen, aufgestapelt und über die Rutsche nach unten befördert (und dort verladen).

Als erstes fallen die von oben kommenden Rohre, die sog. Klopfrohre, mit dem Absackschuh auf sowie die runden, spitz auslaufenden Behälter der Mischmaschinen. Bei geringem Wind konnten der unter dem Schuh hängende Sack und das Klopfrohr vollaufen, was zusammen ca. 3 Ztr. ausmacht. Während dieser Zeit konnte der Gehilfe etwas anderes tun (Einwiegen, Stall- oder Gartenarbeiten), denn jeder Müller war früher auch Landwirt. Die Leistung der Windmühle schwankt sehr stark von 3–4 Ztr. pro Stunde bis zu 30–40 Ztr. bei starkem Wind.

Der Mahlgang selbst besteht aus 2 Mahlsteinen, dem Bodenstein und dem Läufer. Durch den Bodenstein geht eine Welle, auf der mittels einer Haube, der sog. „Haue“, der obere Stein, der Läufer, liegt. Diese Welle, das sog. „Unterspiel“, steht im Spurlager auf dem Spurbalken. Dieser wiederum ist durch einen doppelten Hebelmechanismus mittels eines Zugtaus ganz leicht auf und ab zu bewegen. Auf diese Art kann während des Mahlens grob und fein genau eingestellt werden, und das, obwohl die Steine bis zu 2 t wiegen. Die Steine dürfen sich natürlich nicht berühren (unnötiger Abrieb), sondern „schwimmen“. Der Läuferstein „schwimmt“ auf dem Mahlgut. Alles, was gemahlen wird, ist Schrot. Wenn man Mehl haben will, so ist ein zweiter, getrennter Mehrfachvorgang erforderlich: das Trennen von Kern und Schale durch Aussieben.

Eine Weizenmehlmaschine, die sog. „Zentrifugalsichtmaschine“ besteht aus Vor- und Hauptsichter. Der Vorsichter steht oben auf dem Hauptsichter. Der möglichst fein gemahlene Weizen bzw. das Weizenschrot läuft, vom Mahlstein kommend, direkt in den Vorsichter, der mit Drahtgaze bespannt ist. Innen befinden sich schräggestellte Bürstenrahmen, die das Gemahlene durchtreiben und die Kleie ausputzen. Der Vorsichter scheidet also Kleie aus.

Das andere Mahlgut fällt durch die Drahtgaze auf eine Schnecke und gelangt über diese in den Hauptsichter, der ca. 3/4 mit Seide bespannt ist. Hier fällt das Weizenmehl durch. Am Ende des Hauptsichters ist ca. 1/4 mit feiner Drahtgaze bespannt, hier fällt „Grieß“ durch. Was jetzt noch darin bleibt, geht als Übergang heraus. Das ist Schrot. In der Großmühle gehen Grieß und Schrot getrennte Wege (Hochmahlverfahren).

Der Mühlenbauer

Nur noch wenige Mühlenbauer gibt es in Ostfriesland. Einer unter ihnen ist Hermann Böök aus Dunum. Es wäre gut, wenn sich wieder junge Männer für diesen Beruf entscheiden könnten, denn Mühlen gilt es auch in Zukunft zu erhalten, und an Aufträgen wird es bestimmt nicht mangeln.

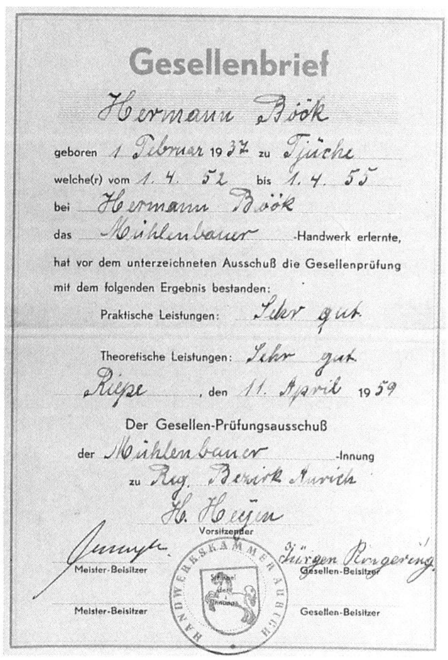

Gesellenbrief

Hermann Böök

geboren 1. Februar 1937 zu Tjüche

welche(r) vom 1. 4. 52 bis 1. 4. 55

bei Hermann Böök

das Mühlenbauer-Handwerk erlernte,

hat vor dem unterzeichneten Ausschuß die Gesellenprüfung mit dem folgenden Ergebnis bestanden:

Praktische Leistungen: Sehr gut

Theoretische Leistungen: Sehr gut

Riepe, den 11. April 1959

Der Gesellen-Prüfungsausschuß

der Mühlenbauer-Innung

zu Reg. Bezirk Aurich

H. Heijen

Vorsitzender

Meister-Beisitzer — Jürgen Ringering Gesellen-Beisitzer

Meister-Beisitzer — Gesellen-Beisitzer

HANDWERKSKAMMER AURICH

In den Windmühlen laufen Grieß und Schrot zusammen in den Elevator und werden nach oben zum Stein befördert, wo Weizen einläuft und alles wieder mitgemahlen wird. Das Mehl wird nun mittels einer Sammelschnecke zum Auslauf transportiert. Dieses ist das in der Fachsprache sog. „Flachmahlverfahren".

Stein- und Pellsoller

Eine Treppe höher kommt man auf den Stein- oder Pellsoller. Im Laufe der Jahrhunderte bemerkte man, daß das Getreide auf verschiedenen Steinen unterschiedlich gut zu mahlen ist:
- für Gerste möglichst Sandsteine (für den Raum Weser-Ems kamen diese aus dem Teutoburger Wald und von der Weser);
- für Hafer Granitsteine aus Süddeutschland;
- für Roggen Basalt- oder Balusteine aus der Eifel;
- für Weizen Steine aus der Champagne in Frankreich.

Kurz vor dem 1. Weltkrieg kamen die Naxos-Schmiergelsteine aus Griechenland hinzu.

Der Mahlvorgang

Das Korn fällt durch das Steinauge auf den Schleuderteller am Fuße des Oberspieles (also nicht direkt auf den Bodenstein). Von dort wird es zwischen die Steine geschleudert. Luftstrom, Zentrifugalkraft und Schneidewinkel erfassen das Korn. Etwa elf- bis vierzehnmal erfolgen jetzt: Schneiden, Reiben, Transport und Kühlung. Das Korn wird in einer spiralförmigen Bewegung durch den Stein getrieben und ausgeworfen. Von der Steinmitte bis zum -rand spricht man auch von Vorbrechzone, Brechzone und Mahlzone. Mit dem Luftstrom läuft das Mahlgut dann zwischen Steinrad und Bütte bis zum Auslauf, von dort durch ein Fallrohr (Klopfrohr) zum Absackstutzen auf den Mahlsoller. Etwa jedes halbe Jahr müssen die Steine neu geschärft werden. Der *Pellstein,* ein einzelner dicker Stein, arbeitet mit der Seitenfläche. Statt einer Bütte hat er als Umrandung eine Blechwand, die in 2 cm Abstand um den Stein herumführt. Diese ist von außen nach innen durchlocht, so daß die scharfen Lochränder innen zum Stein liegen. Pellstein und Umrandung liegen in einem Doppelboden. Die Gerste läuft über den Stein in den Zwischenraum Stein-Seitenblech. Dort muß sie hochgewirbelt werden und sich nicht unten absetzen. Deshalb kann man erst ab Windstärke 5 pellen (Pellwind – dagegen Mahlwind bis Windstärke 5); das verkleinerte Korbrad erhöht zusätzlich die Umdrehungszahl. Die fertig geschälten Gerstenkörner sind die Graupen.

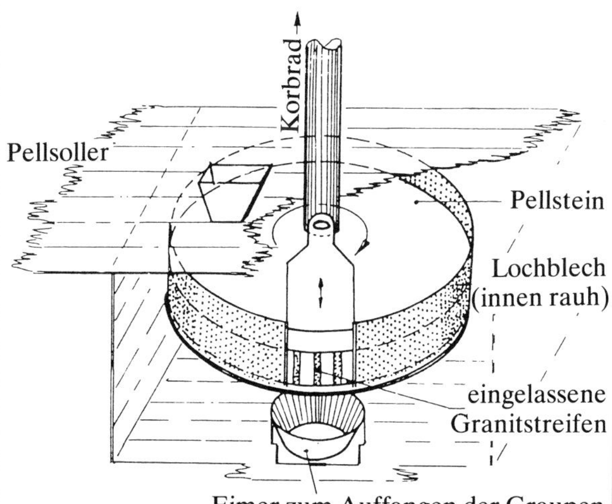

Pellstein zum Schälen der Gerste zu Graupen

Graupen a) waren ein wichtiges Nahrungsmittel
b) wurden für die Kälberaufzucht benötigt

Die Gerstenkörner fallen von oben auf den Pellstein und werden durch die Zentrifugalkraft nach außen zwischen Lochblech und Pellstein geschleudert, wo sie zu Graupen geschält werden.

Königssoller

Eine weitere Treppe höher führt hinauf zum Königssoller. Hier schlägt das „Herz der Windmühle", der „König" (vierkantige Welle aus Massivholz) mit dem „Königsrad", an das bis zu 7 (!) Korbräder der Oberspiele der Steine eingerückt bzw. eingeschaltet werden konnten. Die Kämme am Königsrad sind konisch durchgesteckt, an der Innenseite mit einem Splint gesichert und können so schnell ausgewechselt werden. Die Kämme sind meistens aus Weißbuche (auch Hainbuche und Akazie). Natürlich können auch Riemenscheiben für Transmissionsanlagen (Antrieb für Sichtmaschinen und Trieur-Reinigungsmaschine-) angebracht werden.

Kappsoller

Hier sind der feststehende Teil, zum Turm gehörend, und darüber der waagerecht drehbare Teil, die Kappe. Wir sehen hier die Übersetzung von der Vertikalen in die Horizontale, vom Stirnrad auf den Bunkler. Um das Stirnrad herum ist die riesige Band- oder Trommelbremse zu sehen. Unter der Kappe ist noch der Elevator oder Storchennestsoller, den wir oben übersprungen haben, zu notieren.
Natürlich gibt es viel mehr in einer Mühle zu erkunden, und der Interessierte wird mehr Fragen haben. Ein ausführlicher Bericht erscheint seit April 1986 als Serie in der Schrift „Der Mühlstein".

Lükko Schoof

Handwerkskammer zu Aurich.

Meister-Brief.

Herr Johann Eiklenborg

geboren am 15 ten Januar 1905

zu Logabirum

hat die Meisterprüfung für das Handwerk der Müller bestanden und dadurch die Befähigung zu dessen selbständigem Betriebe nachgewiesen, sowie nach Vollendung des vierundzwanzigsten Lebensjahres das Recht zur Führung des Meistertitels in Verbindung mit dem Handwerk der Müller und die Befugnis zur Anleitung von Lehrlingen nach den Bestimmungen der Reichsgewerbe-Ordnung erworben.

Zu Urkund dessen wird ihm dieser Meisterbrief erteilt.

Aurich, den 5 ten Juni 1934

Die Meisterprüfungs-Kommission für das Handwerk der Müller.

Vorsitzender

Beisitzer

J. C. König & Ebhardt, Hannover

Vor der Handwerkskammer in Aurich legte am 5. Juni 1934 der nicht selbständige Müller Johann Eiklenborg, geboren am 15. Januar 1905 in Logabirum, seine Müllermeisterprüfung ab. Dieses bestätigten ihm der Vorsitzende H. J. Bruns, Müllermeister zu Hage, und die drei Beisitzer F. H. Athen, Müllermeister zu Leer, K. W. Flyer, Müllergeselle, und als Lehrkraft der Direktor Eierdanz aus Aurich. Die praktische Prüfung, so weiß Herr Kuhlmann von der Handwerkskammer in Aurich zu berichten, fand im Betrieb von Müllermeister Athen in Leer statt. Hier mußte Herr Eiklenborg Mahlproben liefern und nachweisen, daß er Mahlsteine schärfen konnte. In der theoretischen, mündlichen und schriftlichen Prüfung wurden ihm Kenntnisse abverlangt über die Mühlenkunde, Getreide- und Mahlkunde, die Mühlsteine, die Vermahlungsmaschinen, die Getreidereinigung, die Getreidelagerung, die Aspiration, die Fördereinrichtungen, die Sichtmaschinen, die Unfallverhütung, die Buchführung, die Selbstkostenrechnung, den Zahlungsverkehr, den Schriftverkehr, die Werbung, das Steuerwesen, die Sozial- und Altersversicherung, allgemeine Kenntnisse in Müllergeschichte, Organisation, Ehrengerichtsbarkeit im Handwerk, Rechtsfragen und Lehrlings-, Gesellen- und Meisterwesen sowie Eröffnung eines Handwerksbetriebes.

Nachweislich hat als erster Müllermeister Herr Peter Fleetjer aus Norderney im Jahre 1910 vor der Handwerkskammer in Aurich seine Müllermeisterprüfung abgelegt.

In einer Schrift über Norderney wird die Vermutung geäußert, die Norderneyer Windmühle sei die „einzige bislang auf den ostfr. Inseln errichtete". A. W. Lang hat aber in seiner 1965 erschienenen „Geschichte des Seezeichenwesens", S. 19, aus einem Segelhandbuch von 1541 eine Mühle auf Juist nachgewiesen: „en daer staet een molen mede op Just", natürlich eine Windmühle, da es um die Aufzählung von Seezeichen geht. Weitere Orientierungspunkte der Seefahrt waren 1557 die sog. „Ostermühle" im Lande Hadeln und 1585 eine Mühle in Pewsum.
Nachdem in Norderney 1797 eine Seebadeanstalt eingerichtet worden war, mußten auch die Kurgäste verpflegt werden. So gab es damals drei Bäckereien, die mittels eigener Roßmühlen das Korn mahlen ließen. Schließlich rechnete auch ein Korn-Windmüller mit seinem Auskommen auf dieser Insel. 1862 ließ Ihbe Lammers Hellmers einen einstöckigen Galerieholländer errichten. Weitere Müllernamen: G. A. Fleetjer und A. O. Friesenborg (im Abschlußstein über der Tür), auch der Name Okko Fleetjer ist an der Mühle verewigt. Heute beherbergt das Gebäude eine Gastwirtschaft mit Teestube. Seit der gründlichen Renovierung im Frühjahr 1983 befindet sich das Anwesen in hervorragendem Zustand.
In den Niederlanden schon um 1700 Vorschrift, in Ostfriesland teilweise guter Brauch: Mühlen Namen zu geben. Diese heißt „Selden Rüst" (Selten Ruhe).

Moderne Windkraftanlagen im EWE-Windpark in Norddeich

Die „Norder Windlopers" warten auf den Wind. Die Energiekrise Anfang der 80er Jahre („Ölpreisschock") und die Abneigung gegen Atomkraft führten zur Renaissance der Windkraftanlagen, allerdings heute zur Stromerzeugung und mittels moderner Technik. Die Dänen hatten schon frühzeitig auf Windkraft gesetzt (110 Mio. kW jährliche Erzeugung). Der größte Windenergie-Park steht aber am Altamont-Paß in Kalifornien. 7500 Windkraftanlagen (20 verschiedene Typen, Rotorblätter bis zu 45 m Durchmesser) erzeugen dort 850 Mio. kW (optimale Windverhältnisse am Standort).

Im DFVLR-Windenergietestfeld bei Stetten auf der Schwäbischen Alb erzeugen 11 verschiedene Konverter ein halbes Megawatt (in 730 m Höhe bei ∅ 4,6 m Wind/Sek.).

Erfreulich, daß in Aurich die Firma Enercon moderne Windanlagen herstellt. Diese eignen sich z. B. für gemeindliche Kläranlagen, aber auch für andere Einrichtungen mit ganztägigem Strombedarf, wie z. B. den Schweinezuchtbetrieb von Erwin Mellies auf dem Leybuchtpolder (Lüftung und Infrarotlampen).

Seit 1984 baut Enercon die 55-kW-Anlage, von der inzwischen über 30 Ausfertigungen produziert worden sind. Z. Zt. baut diese Firma eine 300-kW-Anlage in Manslagt.

(Deichmühle) Norden

Ursprünglich „Sýlmühle“ (Sielmühle) genannt, bekam sie später im Volksmund den Namen Deichmühle. Die alte Bockwindmühle wurde 1588 abgebrochen, und Graf Edzard II. ließ eine neue Ständermühle auf diesem Platz errichten. 1676 wurde die Mühle für 650 Gulden verkauft; der Müller mußte nun nur noch 20 Gulden Windpacht jährlich zahlen. Im Kleinkrieg der Stände gegen den Fürsten (Appellekrieg 1726/27) wurde die Mühle beschädigt. 1734 wurde sie an einen Müller verkauft und damit privatisiert. Im 19. Jh. ist ein viermaliger Besitzerwechsel (1830, 1848, 1862 und 1882) festzustellen. Schließlich erfolgte 1899 der Abbruch der Ständermühle. Im Jahre 1900 wurde ein viergeschossiger Galerieholländer mit Durchfahrtsmöglichkeit fertiggestellt.
Eigentümer: Der Erbauer Gerd Meyer, dann Weert Meyer, Rolf Bontjes, später dessen Tochter und dann ein Enkel.
Am 1. 7. 1974 erwarben Hermann Wagener und Ehefrau das Objekt und ließen es schon 1975 durch holl. Mühlenbauer funktionsfähig wieder herstellen. Die Mühle ist mit zahlreichen Ausstellungsstücken zur Mühlengeschichte zu besichtigen und bietet von der Galerie aus einen herrlichen Rundblick in das Norderland.

In der Erdbeschreibung von 1824 berichtet Fr. Arends, daß sich die Gegend um Norden „stark auf den Ackerbau gelegt“ habe. Hauptsächlich wurden Rapssamen und Weizen angebaut, in geringerer Menge auch Hafer und Roggen. Es verwundert daher nicht, daß von 6 Pelde- und Mahlmühlen zum selben Zeitpunkt berichtet wird („wovon die Hälfte zum Amt gehört“, Ahrends, S. 379). Auch eine Ölmühle ist erwähnt, für die es sicherlich genug Arbeit gab. Daneben gab es noch eine Sägemühle. Der verstorbene Dichter Peter Smidt sah im Stadtpanorama der Stadt Norden drei Mühlen. Der erste Vers eines Gedichts lautet:

„Drei Mühlen ragen vor einer Stadt
und wenden rastlos Blatt um Blatt:
Windfangbereite Flügel.“

Bereits vor der Errichtung des heutigen Galerieholländers gab es eine „Rockenmühle auf der Gaste“. 1863 wurde dann im Ortsteil Westgaste der dreistöckige Galerieholländer errichtet. Wenn die Mühle heute auch mit Motorkraft betrieben wird, so hat die Restaurierung der Windanlage auch die Möglichkeit gegeben, wieder jederzeit zusätzlich mit Windkraft zu arbeiten. Lt. Wilh. Kleeberg war sie 1964 die einzige Norder Weizenmühle. Die Mühle steht seit vielen Jahren im Eigentum der Familie Hinrichs, jetzt Franz Hinrichs.

Wenn man auf der Bundesstraße 70 in Richtung Norddeich fährt, also auf der sog. Norddeicher Straße, dann erreicht man die Mühle im alten Stadtteil Lintel.
Nach Kleeberg soll es sich um einen alten Mühlenstandort handeln, wobei die Mühle einst sogar dem Kloster Marienthal (Westermarsch) gehört haben soll.
Ubbo Emmius hat sie in seiner Karte „Typus Frisiae Orientalis" von 1590/91 nicht verzeichnet. Ihre Errichtung fällt also in die Zeit danach, jedoch vor 1750.
1784 wird der Müller Abram Huberts in die Mühlenbrand-Sozietät mit seiner Mühle aufgenommen. In der ersten Hälfte des 19. Jh. gibt es weitere Eigentümer mit Namen: Poppinga, Engelbert, Reemtsen, Rosenboom und Warnjen.
Die alte Mühle brannte ab, und so wurde 1894 eine neue errichtet. Das besondere Merkmal des zweistöckigen Galerieholländers ist der quadratische Unterbau. Die Inschrift über der Ladeluke lautet: „V. J. Scheepker 1894".
Die Verkleidung des Mühlendaches (Achtkant) besteht aus Zinkblech, was der Mühle im Laufe der Jahre den Namen „Silbermühle" einbrachte. Die Erhaltung der Mühle steht in Verbindung mit dem Betrieb einer Diskothek; das erinnert an das ungleich berühmtere Beispiel der „Moulin Rouge" in Paris. Diese Gedankenverbindung kommt einem besonders in den Sinn, wenn die Mühle nachts angestrahlt wird und einen faszinierenden Anblick bietet.

Die höchste Mühle Ostfrieslands befindet sich in Hage. Mit einer Kappenhöhe von 30,2 m ist der fünfstöckige Galerieholländer neben der Ansgarikirche zu einem Wahrzeichen des Fleckens Hage geworden. Bereits 1597 gab es auf der Mühlenwarf eine Mühle. 1852 soll eine moderne Mühle gebaut worden sein, die mit dem Wohnhaus in einem Bau verbunden war. Es wird sich demnach um eine Holländermühle gehandelt haben. Um 1860 pachtete Müller Claas Hinrichs Bruns aus Mühlenloog die Mühle, bis er um 1866 eine der Greetsieler Mühlen übernahm. Um diese Zeit erwarb der Gutsbesitzer Dr. Peterssen, der 1868/69 Schloß Nordeck in Berum im Renaissancestil neu errichten ließ, die Windmühle und holte den Müller Bruns aus Greetsiel zurück. Am 9. August 1872 brannte die Hager Mühle (nebst Wohnhaus) ab. Sie war von einem Blitz getroffen worden. Der Eigentümer Peterssen veranlaßte seinen Pächter Bruns, auf der gegenüberliegenden Straßenseite eine neue und höhere Mühle errichten zu lassen. Bis 1965 blieb sie im Familienbesitz Bruns/Kromminga. Dann wurde Herr Schelten-Peterssen, Berum, Eigentümer.

Vor etwa drei Jahrhunderten war die Bockwindmühle noch der ausschließliche Windmühlentyp unserer norddeutschen Küstenlandschaft. Nun gibt es im Ostfriesischen nur noch ein solches Bauwerk. Erst bei dem Gedanken, daß die Mühle noch aus dem 30jährigen Krieg stammt, bekommt man ein Verhältnis zum ehrwürdigen Alter. Sie wurde am 23. März 1626 in Betrieb genommen. Erbauer war Freerk Altmann. Eine weitere Einkerbung am Fangbalken lautet: „TAM 1792". Die Buchstaben stehen für Tebbe Abraham Müller. Er kam aus Lintel bei Norden und vermählte sich mit Hilke Mammen aus Dornum, der Tochter des Dornumer Müllers Mamme Folkert Mammen und dessen Ehefrau Enje vom Warfhuis.
Die Geschichte der Mühle in unserem Jahrhundert ist mit der Familie Mülder verbunden, die seit 1909 das Objekt als Pachtstück betrieb. 1927 wurde Hinrich Mülder Eigentümer und hielt die Ständermühle bis 1948 in Betrieb und in Ordnung. Mit Hilfe der Ostfriesischen Landschaft, die 1962 das Bauwerk für 10 000,– DM erwarb, wurde die letzte ostfr. Bockwindmühle restauriert. Bis zur Erneuerung hatte die Mühle Jalousien, heute Segelgitter. Zu Mülders Zeiten wurden Roggen, Gerste und Pferdebohnen gemahlen.

Nesse ist ein geschichtsträchtiges Wurtendorf, das vermutlich im 9. Jh. angelegt worden ist und später sogar Häuptlingssitz des Lütet Attena war, der seine Frau Okka erschlug und dafür von seiner Schwiegermutter, der berühmt-berüchtigten „Quaden Foelke“, hingerichtet wurde.
Dieser „Flecken“ Nesse hatte schon vor einigen Jahrhunderten eine Bockwindmühle. Durch Überlieferung eines Erbpachtvertrages von 1712 ist uns der herrschaftliche Mühlenpächter Joh. Schmeertmann namentlich bekannt, im 19. Jh. steht die Mühle im Besitz der Familie Uken. Im Jahre 1856 wird die alte Bockwindmühle durch eine Holländermühle ersetzt; um diese Zeit wird ein Müller Wessels genannt. Die Holländermühle war noch mit Steert erbaut worden. Nach Übernahme durch die Familie Heyken im Jahre 1898 erhielt sie alsbald eine Windrose. In den beiden letzten Jahrzehnten verfiel die Mühle. Erst vor wenigen Jahren wurde der Außenaufbau erneuert bzw. renoviert. Dabei wurde das Balken- und Räderwerk herausgenommen. Der Einbau großer Fenster (leider sprossenlos) läßt auf eine Wohnnutzung schließen, die auf jeden Fall einer restlosen Beseitigung des Bauwerks vorzuziehen ist. Das Dach wurde wieder mit Schindeln gedeckt.

Nach Arends „Erdbeschreibung . . .“, 1824, wurden beiderseits des Neßmer Siels im 18. Jh. mehrere Polder eingedeicht. So konnte sich Neßmersiel ab 1800 zu einem bedeutenden Hafenort entwickeln. Arends berichtet: „Es treibt etwas Handel. Einige Schiffe mit Getreide und Rapssamen gehen jährlich aus.“ Houtrouw bestätigte 1889, daß Getreide und Rapssamen bis nach „Hamburg, Bremen, Norwegen usw.“ ausgeführt wurden. Getreidemengen und Besiedlungsdichte machten den Gebr. Kuper 1884 den erforderlichen Mut, eine neue Holländermühle erbauen zu lassen. Das Grundstück wurde der Familie Kankena abgekauft. Zunächst hatten die Flügel Segel, ab 1903 Jalousien. In einer Chronik über Neßmersiel schreibt Frau Andrea Westerholt, daß der Müller Menke Obermeyer 1923 eine Grützmühle einbauen ließ. Ein Sohn der Obermeyers heiratete die Tochter der Familie Kuper. Der Mühlenbetrieb wurde 1930/31 um eine Bäckerei erweitert. Das Brot wurde per Pferd und Wagen zu den Kunden befördert und von Haus zu Haus verkauft. Der jetzige Besitzer, Johann Janssen, wohnhaft in Leer/Loga, erinnerte sich an die Abnahme der Flügel im Jahre 1968, die baufällig geworden waren. Auch das Innenwerk wurde herausgenommen, um Platz für die Korntrocknerei zu bekommen, da der Sohn, Dieter Janssen, Landwirtschaft mit Getreideanbau betreibt.

Das Mühlengebäude mit den daran anschließenden Räumlichkeiten ist noch erhalten. Es fehlen aber Flügel und Steert. Auch die Galerie ist nur noch teilweise erhalten.

Westerbur hat seit vielen Jahrhunderten eine Windmühle, die infolge der küstennahen Lage auch als Seezeichen diente. Die ursprünglich vorhandene Bockwindmühle wurde 1646 als Pachtmühle des Johann Gerdts aktenkundig gemacht. Um 1750 bezeichnet man sie als „herrschaftliche Mühle", die an den Müller Willem Galtets in Erbpacht ausgegeben war. Der Müller mußte sie unterhalten, während die Materialanfuhr bei Neubauten nach Houtrouw, „Ostfriesland", 1891, „den eingesessenen Hausleuten zu Uppum, Westeraccum, Westerbur und Middelsbur oblag". Das Jahr 1791 überlieferte sie als Rockenmühle des Wilhelm Ulrichs, 1818 des Willm Ulrichs, 1834 als des Ulrich Wilms Erben.

Die heute noch vorhandene Mühle wurde 1870 als einstöckiger Galerieholländer neu gebaut. Sie hatte zwei Schrotgänge. 1979 war M. Wittor Besitzer der Mühle, die sich seit einigen Jahren in einem reparaturbedürftigen Zustand befindet. Nur noch ein Flügelpaar ist vorhanden. Insgesamt müssen Kappe, Flügel und Windrose erneuert werden. Der jetzige Eigentümer Veit Wucherpfennig hat einen Antrag auf Zuschußgewährung für die Renovierung gestellt. Auch wenn die Mühle Ferienwohnzwecken dient, sollte man sie wegen ihrer historischen Vergangenheit vollständig erhalten und auf einer Hinweistafel dem Fremden Erläuterungen geben.

Ca. 1 km nordwestlich des Ortes Coldinne lag früher ein Nonnenkloster. Es gehörte zu den 28 Klöstern Ostfrieslands, die wegen ihrer autonomen Wirtschaftsweise für die Entwicklung der Landwirtschaft Ostfrieslands von Bedeutung waren. Das Kloster mit Praemonstratenser-Nonnen, die um 1450 von Augustinerinnen abgelöst wurden, besaß eine große Landfläche. Arends berichtet in seiner „Erdbeschreibung ..." von 1824, daß „täglich 12 oder 16 Pflüge" angesetzt worden seien, d. h. es muß in erheblichem Maße Getreideanbau vorgenommen worden sein; 1441 lebten hier immerhin 44 Nonnen mit einer Priorin. So ist es nicht verwunderlich, daß dieses Klostergut auch bereits eine Mühle gehabt haben soll, wovon „noch die Anhöhe – Mollwarf – vorhanden".
2½ km südlich Coldinne befindet sich in einem auffallend guten Zustand ein Erdholländer. Mitte des vergangenen Jahrhunderts, als viele Erdholländer für Entwässerungszwecke gebaut wurden, entstand auch diese Mühle in Remels. Mit dem Aufkommen des Kraftmotors wurde die Mühle für Entwässerungszwecke entbehrlich. Onne Tjaden erwarb sie 1922 und beförderte sie auf dem Wasserweg über den Berumerfehn-Kanal nach Süd-Coldinne, wo er sie zugleich in ihrer Funktion auch zur Kornwindmühle hat umgebauen lassen. Die Mühle ist heute stillgelegt. Die Gemeinde Großheide hat sie von der Familie Hermann Tjaden übernommen, Besichtigung möglich.

1937 wurde dieser zweistöckige Galerieholländer (in Carolinensiel gekauft) hier anstelle eines Erdholländers errichtet, welcher am gleichen Platz 1893 bereits eine Wasserschöpf-Kokermühle ersetzte, die 1864 gebraucht auf das Grundstück gekommen war. Seit 1983 unterstützt der „Verein zur Erhaltung der Mühle in Berumerfehn" Müller Cornelius Schoof bei der vollständigen Renovierung.

Inzwischen sind die Arbeiten durch Mühlenbaumeister Richard Kluin, Westoverledingen, so weit gediehen, daß die Mühle am 15. Oktober 1988 eine neue 12,8 t schwere Kappe erhalten konnte. Dabei wurden Teile der alten Kappe sowie die Flügelwelle aus Friedeburg (vgl. Bd. I) verwendet. Da die Mühle einer erheblichen „Verjüngungskur" unterzogen wird, überlegt die Interessengemeinschaft, ob man der Mühle nicht den Namen „Die junge Edith" geben sollte. Die Übereinstimmung mit dem Namen der „Müllerin" ist dabei „rein zufällig".

In der Samtgemeinde Brookmerland gibt es einen Verein für „Windmühlen und Landschaftspflege“, der sich u. a. um die Unterhaltung bemüht, aber auch mit der Geschichte der Mühlen befaßt. Der 1. Vorsitzende, Herr Dirk Dirks, hat die Geschichte der Leezdorfer Mühle teilweise erforscht. Der zweistöckige Galerieholländer wurde 1896 errichtet und in den letzten Jahren von Grund auf restauriert. Dabei blieb die Steertanlage erhalten.

Im vergangenen Jahrhundert hatte eine Firma J. G. Otten-Söhne eine Schankwirtschaft und eine Krämerei in Leezdorf. Diese Firma baute um 1871 eine Ständermühle, die 1892 von Lammert Tjaden übernommen wurde. 1895 brach die Bockwindmühle zusammen und wurde beseitigt. Lammert Tjaden ließ daraufhin 1896 eine zweistöckige Holländermühle durch den Emdener Mühlenbaumeister Harders errichten, die er 1911 an Anton Bartling weiterveräußerte.

Seit dieser Zeit blieb die Mühle dann im Familienbesitz, bis die letzten Erben Johann und Bernhard Bartling die Mühle zum 1. 1. 1986 an den Heimatverein Leezdorf e. V. (Vors. Jann Mennenga) verkauften. Bis zu diesem Zeitpunkt wurde noch das Müllergeschäft betrieben. In den letzten 20 Jahren drehten sich die Flügel aber nicht mehr. Ein Dieselmotor wurde schon 1930 zur Unterstützung der Windkraft eingebaut, aber auch er stand in den letzten 15 Jahren still. Die Mühle hat zwei Mahlwerke, die in Kürze wieder in Funktion treten sollen. Erfreulich ist, daß öffentliche Institutionen und private Spender das Geld für Ankauf und Restaurierung aufbrachten. Über eine Arbeitsbeschaffungsmaßnahme arbeiteten zeitweise acht Kräfte an der Mühle, die u. a. das Mauerwerk verstärkten. Für die neue Galerie wurde Spessart-Eichenholz verwendet. Eine neue Kappe wurde im November 1988 aufgebracht. Sie ist eingedeckt mit Kupferblech vom alten Gerichtsgebäude aus der Stadt Norden. Das beste Material, das uns bekannt ist. Hier findet ein ostfriesischer Wettstreit mit den renovierten Mühlen statt.

Dem rührigen Heimatverein, der auch ein Buchweizenfeld angelegt und weitere interessante Pläne hat, wünschen wir ein herzliches „Glück zu“!

Die Windmühle für Marienhafe wurde am 17. 11. 1774 genehmigt. Sie wurde bis zum Jahre 1776 (zunächst zweistöckig) errichtet. Die Konzession umfaßte einen Schrotgang und eine Ölmühle; der Kollergang wurde aber nie eingebaut. Das führte zu Beschwerden und Prozessen gegen die ersten Betreiber Gebr. R. u. D. Hormens aus Ochtelbur. Die Nachbarmüller forderten den Einbau eines Ölgetriebes. Die Strafe soll in den achtziger Jahren sogar die Versteigerung der Mühle gewesen sein. Zukünftig durfte sie allerdings als Kornwindmühle weitergeführt werden. 1821 erfolgte die Aufstockung zum nunmehr dreistöckigen Galerieholländer. So konnte ein Pellgang (oder Peldegang) eingebaut werden.

Die Mühle gelangte um 1900 in den Besitz der Familie Friesenborg. Um diese Zeit begannen auch die betrieblichen Veränderungen. Ein Backhaus wurde gebaut, ein Sauggasmotor eingebaut, später ein Dieselmotor, der eines Tages durch den Elektromotor abgelöst wurde. Die Mühle erhielt einen Weizenmahlgang; ein Porzellan- und Walzenstuhl sind heute noch vorhanden. Nach dem II. Weltkrieg kamen auch für diese Mühle große Probleme. 1961 wurden die Flügel abgenommen. Ein Flügelpaar leistet noch heute für die Harpstedter Mühle ihren Dienst. Und 1977 wurde schließlich auch der Elektromahlgang und damit der Gesamtbetrieb stillgelegt. Schon im Dezember 1976 hatte man den Mühlenachtkant für 1,– DM nach Holland verkauft. Für die Müllerei fand sich kein Nachfolger. In den Gebrüdern Scheweling aus Marienhafe gab es aber Mühlenliebhaber, die das Objekt erwarben, den Abbruch verhinderten und alsbald einen „Mühlen- und Landschaftspflegeverein“ gründeten. Mit Hilfe von Denkmalschutzmitteln begann die Restaurierung. 1979: Kappe, 1980: Reithdach und Galerie, 1983: Flügel und 1985 Getriebe und Nebengebäude.

Der Verein nutzt seit 10 Jahren die Räume für Kunstausstellungen, Konzerte, Theateraufführungen und andere Veranstaltungen. 1983 übernahm Dirk Dirks, der auch die geschichtlichen Daten zusammentrug, als rühriger Vorsitzender den Verein und sorgt mit seinen Helfern dafür, daß die Mühle zu einem Kulturzentrum wird und viele Besucher aus ganz Deutschland anlockt.

Im Kirchspiel Osteel gab es zu Zeiten, als der Pastor und Astronom David Fabricius dort wirkte, noch keine Windmühle. Erst in einer Aufstellung von 1804 ist eine Pelde- und Weizenmühle nachgewiesen. Sie soll erst kurz vor Erstellung der Statistik errichtet worden sein. Die Mühle gibt es schon lange nicht mehr.
1896 wurde in der Nähe, im Ortsteil Tjüche, ein neuer zweistöckiger Galerieholländer mit Durchfahrtsmöglichkeit gebaut. 1913 übernahm Jürgen Lübben Janssen den Betrieb, und so blieb die Mühle bis heute im Familienbesitz. 1952: Theodor Janssen, der zusätzlich einen Dieselmotor und einen Weizen-, Korn- und Graupengang einbauen ließ. Bis 1958 funktionierte noch der Windantrieb. Dann allerdings wurde auf Elektroenergie umgestellt. 1976 erbte Volkmar Janssen die Mühle. Er begann bald mit der Restaurierung. Diese wurde ab 1981 energisch vorangetrieben, indem die Galerie erneuert und das Dach neu mit Reith eingedeckt wurde. 1986 folgte die Erneuerung der Kappe, und schließlich konnten die neuen Flügel angebracht werden. Die Mühle bietet wieder einen ausgezeichneten Anblick. Besichtigungen sind nach Vereinbarung mit dem Eigentümer möglich.

Als der Heimatverein „Schottjer Dreesche“ 1980 das 100jährige Bestehen der Mühle feierte, erinnerte man gleichzeitig an die Geschichte der Vorgängermühlen. Die auf der Mühle geborene Müllerstochter Venna Bruns, geb. am 30. Oktober 1860, vermerkte in ihrem noch vorhandenen Tagebuch: „Unsere alte Windmühle im Mühlenloog (eine Ständermühle) wurde im Jahre 1569 unter der Regierung des Grafen Edzard II. errichtet. Derselbe war mit einer schwedischen Prinzessin Katharina verheiratet, daher rührt höchstwahrscheinlich das schwedische Wappen, welches in der alten Mühle angebracht, ebenso das ostfriesische Wappen, das von Edzard II. herrührt.“ Möglicherweise dienten die Einnahmen der gebürtigen Schwedin zum Unterhalt. Ein Hochzeitsgeschenk („Morgengabe“) wird sie nicht gewesen sein, weil die Vermählung der beiden bereits am 1. Oktober 1559 stattfand. Seit dem 18. Jh. sind die Aktenvorgänge noch im Staatsarchiv Aurich vorhanden. 1717 nahm der Müller Castjen Garrel die Mühle für „17 Pistolen“ (Währungseinheit) vom Fürsten Georg Albrecht in Erbpacht. In der nächsten Generation wurde die Erbpacht von der Tochter Almuth geb. Garrels zusammen mit ihrem Ehemann Gustav Bruns im Jahre 1743 für 1000 Taler abgelöst, worüber noch heute eine Urkunde mit dem in Holz gefaßten Wachssiegel des Fürsten im Familienbesitz ist. In der dritten Generation folgte, lt. Aufsatz von Dr. Bruno Sassen, Johann Bruns (1750–1819), dann Hinrich Bruns (geb. 1797), in der 5. Generation Johann Hinrich Bruns (1821–1899) – verheiratet mit Tetje Elisabeth Hayunga –, der 1880 die alte Bockwindmühle abreißen und durch eine Holländer-Mühle ersetzen ließ (Grundsteinlegung 11. 6. 1880). Dessen Tochter Venna (1860–1919) übernahm mit ihrem Ehemann Engelvert Sterrenberg 1899 den Mühlenbetrieb. Deren Sohn Bernhard Sterrenberg (1890–1971) trat wiederum 1920 die Nachfolge an. Schließlich heiratete dessen Tochter Theda 1948 August Brüderle. 1934 brannte es in der Mühle. Sie konnte aber schnell wieder instandgesetzt werden. Der 3stökkige Galerieholländer kann noch mit Windkraft mahlen und steht zur Besichtigung (für Gruppen nach Anmeldung) frei.

Bild oben rechts: August Brüderle, geb. in Nordrach (Baden) im Jahre 1923. Ein gelernter Sägemüller auf einer Wassermühle. Er entdeckte nach dem Kriege gleich zweimal seine „große Liebe“ in Ostfriesland. Er heiratete die Müllerstochter Theda Sterrenberg. Obwohl er kein gebürtiger Norddeutscher ist, setzte er sich aber seit dieser Zeit mit ganzer Kraft für die Mühlenerhaltung ein. Das Foto zeigt ihn bei der Beförderung von Kraftfutter mittels einer Sackkarre.

Östliche Mühle

Die östliche Mühle wurde 1706 errichtet (Konzession des Fürsten Eberhard vom 20. 7. 1706). Der Antrag der fünf Interessenten aus Doccum (Niederlande) lautete auf Errichtung einer Peldegerstenmühle. Der benachbarte Roggenmüller Follrich Ryken sicherte sich das Vorkaufsrecht an der neuen Peldemühle. Seine Witwe ist 1716 dann auch schon Teilhaberin. Am 23. August 1736 brannte die Mühle bis auf die Grundmauern ab. Demnach handelte es sich wahrscheinlich um einen Erdholländer, der nach dem Wiederaufbau auch tatsächlich noch 1815 als „Hockmühle“ bezeichnet wird. Die umfangreiche Geschichte der Mühle mit den vielen Müllernamen, den Anteilseignern, den Beschwerden über Verletzung der Mahlbezirke, die Versicherungswerte, die Ablehnung zusätzlicher Mahlgänge usw. hat D. Janßen, Emden, erforscht und niedergeschrieben (vgl. auch Text Westliche Mühle). In der Nacht vom 15. zum 16. November 1920 brannte die östliche Mühle ab. Die Witwe des Heinrich Bruno Müller ließ sie 1921 wieder aufbauen, wie eine Inschrift sichtbar bezeugt. Der Bauantrag bezog sich auf eine Mühle mit Windrose, Jalousien und fünf Mahlgängen. Zufällig ergab es sich, daß das Oberteil der Auricher Wallmühle nach einem Sturmschaden 1919 abgebrochen worden war. Diese Teile wurden für den Aufbau (als Galerie-

Lükko Schoof und Ehefrau

holländer) wiederverwendet. Das alte Gerüst hat manchem Sturm getrotzt. Die Mühle gehört seit 1950 der Familie Schoof und steht auch heute noch im Besitz der ausnahmslos mühlenbegeisterten Familie, die das Objekt zur Besichtigung offenhält und sachkundige Führungen anbietet.

Die ursprüngliche Pellmühle kann heute noch mit Wind- und Motorkraft mahlen. Ein Pellgang ist noch vorhanden, desgl. hat sie zwei funktionsfähige Mahlgänge. Der Pellgang besteht aus 2 Pellsteinen, dem Vor- und Nachläufer, die erst bei Windstärke 5 in Betrieb gesetzt werden, da die Gerste zum Schälen zwischen Stein und Blech hochgewirbelt werden muß, und das erfordert höhere Umdrehungszahlen. Deshalb eigneten sich auch keine Göpel- oder Roßmühlen zum Schälen der Gerste.

Westliche Mühle

Der Mühlenstandort der heutigen westlichen Greetsieler Mühle ist bereits 1590/91 bei Ubbo Emmius, dem größten Sohn Greetsiels, in einer Karte verzeichnet. Damals stand dort eine Bockwindmühle, die der Sturm im Februar 1662 umwarf – im August war sie wieder hergestellt.

Im Verzeichnis der Auricher Kriegs- und Domänenkammer von 1754 ist diese Mühle als Roggenmühle ausgewiesen. Sie wurde als Königliche Erbpachtmühle von der Rentei Greetsiel verwaltet. In dem Aufsatz von D. Janßen, Emden, veröffentlicht in der Beilage zum „Ostfr. Kurier“ v. 20. 3. 1984, ist die Mühlengeschichte ausführlich beschrieben und sind die Müller seit 1613 namentlich (mit einigen Lücken) aufgeführt. 1809 hatte die Mühle einen Mahlgang mit 2 rhein. Steinen. Im

Die Luftaufnahme wurde freigegeben von der Bezirksregierung Weser-Ems unter der Nr. 0433/3/1-19

Jahre 1856 wurde die Ständermühle abgebrochen und als Galeriemühle, nahe der östlichen Mühle gelegen, neu aufgebaut (Inbetriebnahme 21. 2. 1857). Seit dieser Zeit kann man von den Greetsieler Zwillingsmühlen sprechen, weil sie sich nunmehr (besonders seit 1921) ähnlich sahen und nicht nur nahe beieinanderstanden.
Daß diese Mühlen eines der beliebtesten Motive aus der ostfriesischen Landschaft sind, ist wegen der Lage auf dem Deich am alten Greetsieler Tief nur selbstverständlich. Am 30. Mai 1921 wurde Gerhard Schoof als Eigentümer der Mühle in das Grundbuch eingetragen. Anno 1964 gab er die gewerbliche Nutzung der Mühle auf, mahlte aber noch mit Windkraft bis 1972 für den Eigenbedarf. 1974 verstarb Gerhard Schoof. Es wäre schade gewesen, wenn auch nur eine der beiden Mühlen dem „Mühlensterben" zum Opfer gefallen wäre. Durch eine lobenswerte Aktion des „Ostfr. Kuriers" unter Leitung von Frau Basse-Soltau, Norden, kam es 1975 zur Gründung des „Vereins zur Erhaltung der Greetsieler Zwillingsmühlen". Der Verein gab u. a. auch eine Medaille heraus, deren Verkaufsgewinn für die Windmühlen verwendet wurde. Eine Spende von über 40 000,– DM durch die „Philips Petroleum Norsk A/S" ermöglichte die Finanzierung des Ankaufs von der Erbin Tambine Wehmann geb. Schoof durch den damals noch existierenden Landkreis Norden. Nun erfolgten im Verbund mit dem o. g. Verein sowie dem Arbeitskreis „Greetsieler Woche" in dreijähriger Arbeit die Instandsetzung und der Umbau der westlichen Mühle. Hier wurden im Erdgeschoß eine Teestube und in der ersten Etage ein Galerieraum für die Ausstellung von Gemälden, Zeichnungen usw. eingerichtet und 1979 eröffnet. Damit war ein nützlicher Verwendungszweck gefunden worden. Der erhalten gebliebene Mahlgang verleiht der Galerie eine besondere Note.

Die Mühle soll schon im 15. Jh. existiert haben. 1562 pachtete Hinrich Oelschläger für 40 Taler die herrschaftliche Mühle, dazu mußte er kostenlos Öl schlagen und jährlich 300 Ölkuchen liefern. Haiko Manninga veräußerte 1564 die Herrlichkeit Pewsum (erster Häuptling Lütet Manninga, verst. 1378) für 80 000 Taler an Catharina von Schweden (Gemahlin Edzard II.), lt. Vertrag gehörte dazu auch „unser Mühlen von Pewesum sambt der Oliv Mühlen". Müllernamen vgl. im Ostfr. Kurier vom 5. 7. 1984. Die Flut von 1717 traf die Mühle schwer. Die Mühlenwurt wurde danach erhöht. Wiederum folgen viele Pächternamen, verbunden mit dem Wechsel der Landesherrschaft (1744: Preußen, 1815: Hannover). In den Amtsakten von Pewsum befindet sich eine Mühlenbeschreibung von 1820. Ergebnis: der Zustand war nicht gut. Man befaßte sich mit einem Neubau. Der holländische Mühlenbauer Wiertzema bot diesen für 10 576 Gulden 2 1/2 Stüber an. In der Nacht zum 24. 4. 1824 brannte die alte Mühle ab.

Erst 1843 war der neue dreistöckige Galerieholländer als staatliche Mahl-, Pelde- und Ölmühle fertig. 1871 wurde sie privatisiert, der Pächter F. B. Janßen erwarb sie, 1876: J. E. Janßen. 1918 folgte Johann Eiklenborg, von dem der Heimatverein 1960 das Anwesen einschl. Pack- und Gulfhaus übernahm und ein inzwischen bekanntes Mühlen- und Heimatmuseum einrichtete; die Gemeinde trägt zu den Unterhaltungskosten der Mühle bei.

Uttum wurde um 1600 Mühlenstandort. Die Müllernamen sind seit 1613 erfaßt und von D. Janßen, Emden, nachgewiesen worden. Die Mühle scheint, wie der patronymische Namenswechsel zeigt, sehr lange in den Händen einer Familie gelegen zu haben.
In der Weihnachtsflut 1717 war „die Mühle mit Haus und alles weggetrieben und vertrunken". Sie muß aber bald danach wieder aufgebaut worden sein. Um 1720 hatten der Müller Harms aus Pewsum und der Müller Andreßen in Petkum gleichzeitig auch diese Mühle gepachtet. Da ihnen kein Pachterlaß gewährt werden sollte, verließen beide die Mühle, so daß die Bäcker in Uttum 1721 ihr Korn selbst auf der Mühle mahlen mußten. Dann wurde gegen Wochenlohn der frühere Pewsumer Mühlenpächter Roelef Sibens ter Beek in Uttum eingesetzt. 1722 mußte die Mühle repariert werden. Dann folgten weitere Erbpächter. Die Mühle befand sich aber immer wieder in einem schlechten Zustand, so auch 1751, als David Peters sich darüber beschwert und außerdem die Verschlammung des Uttumer Tiefs beklagt, so daß seine Kunden ihr Korn zur Mühle Jennelt schicken würden. Die Sieltiefe waren also lebensnotwendige Verkehrswege in der Marsch. 1826 erwarb Peter Fokken Neelen aus Emden die Windmühle selbst für 9000 holl. Gulden, während er an Erbpacht 72 Reichstaler, 20 Schaf und 10 Witten zahlen mußte. Da die Mühle nur einen Mahlgang hatte, wollte Neelen gerne zusätzliche „Peldesteine legen". Diese lehnte die Regierung ab, obwohl der Müller noch darauf hinwies, daß in der französischen Zeit vier Landwirte (3 auf Aland, 1 auf Longewehr) in die auf ihren Ländereien stehenden Entwässerungswindmühlen Mahlgänge eingebaut hätten, wodurch er großen Verdienstausfall gehabt habe.

1851 machte Neelen einen erneuten Versuch, weil er eine neue Mühle aufrichten lassen wollte. Etliche Einwohner unterstützten das Gesuch mit einer Bittschrift, in der auf den „großen Kartoffelmangel" hingewiesen wurde. Hauptlebensmittel seien Grütze und Mehl. Wegen der kleinen Mengen könnten sie nicht solch weite Wege machen. Erst 1855 erhielt Neelen schließlich die Erlaubnis zum Einbau eines Pellganges. 1856 erbaute er dann eine neue zweistöckige Galerieholländermühle.
Um 1900 erfolgte die Modernisierung (Windrose, Jalousien). Der Müller Franz Heddinga wurde 1903 Mühleneigentümer. 1910/11 ließ er einen Benzolmotor, später einen Elektromotor einbauen. 1957 mahlte die Mühle zum letzten Mal mit Windkraft. Interessant ist das gehende Werk mit folgenden Mahlgängen: zwei Peldegänge, ein automatischer Graupengang, zwei Futter-Schrotgänge, ein Griesmahlgang (Blaustein), drei Paar Schrotstühle (Roggen, Weizen), ein Porzellanstuhl (für besonders feines Mehl), ein Paar Brechwalzen. Im Mühlenrumpf befindet sich eine Gaststätte. Die Renovierung soll mit Anbringung neuer Flügel und Windrose abgeschlossen werden.

Schon im Jahre 1902 schrieb A. Stockvis in seinem „Führer durch Ostfriesland", daß Simonswolde ein altes Dorf und „malerisch an einem Wasser, dem Sandwater, gelegen sei". Inzwischen gibt es dort das Naturschutzgebiet „Sandwater" mit einer reichen Fauna und Flora. Und an eben diesem stillen Binnensee befindet sich am nördlichen Ufer ein reithgedeckter Galerieholländer aus dem Jahre 1813. Während der holländischen und französischen Zeit (1806–1813) wurde die Gewerbefreiheit eingeführt, und es kamen allein im Amt Leer acht Windmühlen hinzu.

Nach Kleeberg soll die Mühle zuerst dem Berend Heyen Tönjes gehört haben; ab 1834 wird Berend H. T. de Vries genannt. Dann soll um 1929 ein Eigentumswechsel von Müller Scheidermann auf Albert Stöhr stattgefunden haben. Die Mühle hatte Mahl- und Pellgang. Als sie schon zu Wohnzwekken umgebaut war, gehörte sie eine zeitlang H. Oppelland. Heute ist Dr. med. Hinrichs, Leer-Loga, Eigentümer. Der Umbau von Mühlen zu Wohnzwecken ist im allgemeinen mit erheblichen, vielfach negativen Veränderungen verbunden. Simonswolde gehört zu den wenigen Beispielen, bei denen auch eine Umnutzung der Gesamterscheinung der Mühle keinen Abbruch getan hat. So sind die Dachgauben mit ihrer Reithüberdeckung besonders gut gelungen.

Bereits 1801 wollte der Kaufmann und „Roßmüller“ Vietor eine dreistökkige Peldemühle erbauen lassen. Das Anliegen wurde zunächst abgelehnt, weil das vorgesehene Baugelände öffentlich versteigert werden sollte. Müller und Bäcker wandten sich gegen den Bau einer dritten Peldemühle. Die beiden anderen waren die kleine Pellmühle („De goede Verwagting“), die 1943 zerstört wurde, und „De groote Pelmölen“ auf der Katte, die 1868 durch Blitzschlag abbrannte.

1802 erhielt ein Konsortium von sechs Personen die Erlaubnis zum Bau einer „neuen Wind-Pelde- und Grützmühle“ auf dem sog. „Kornnuytjes Zwinger des Stadts Walls“. Weitere sechs Personen wurden noch Mitgesellschafter. Mühle und Mühlenhaus wurden 1804 errichtet.

1881 wurde Hinderk H. Foget Eigentümer der Mühle. 1908 erfolgte eine Modernisierung durch Einbau einer Doppel-Walzenstuhlanlage, schließlich erfolgte 1914 der Einbau eines E-Motors. 1916 erbte die Ww. Foget geb. Mennenga die Mühle. Dann wurde Mühlenbaumeister Heinrich Harders Eigentümer. 1956 ging die Mühle auf Karl Schüür über, von dessen Witwe die Stadt Emden die Mühle 1974 erwarb. Nach Renovierung 1977/1978 kann die Mühle wieder mit Windkraft mahlen und steht zur Besichtigung frei.

„Die Haupt-Epoche von Emdens Blüthe schreibt sich vom niederländischen Revolutionskrieg her. Alba's Strenge vertrieb tausende Einwohner, seit 1567, ihrer Heimath. Sie fanden sichern Zuflochtsort in Ostfriesland, vorzüglich Emden, welches damahls schon 6000 Einwohner zählte ..." „Der Mühlen zeigen sich 10 auf den Wällen". (Anm.: nach Karten um 1600).

Diesem Bericht von Ahrends „Erdbeschreibung", 1824, S. 49, können wir die reichhaltige Mühlengeschichte der damals verhältnismäßig großen Stadt Emden entnehmen. Dietrich Janßen berichtet uns in seiner vorzüglichen „Emder Mühlengeschichte" Einzelheiten. Er beschreibt – einschließlich der Nicht-Windmühlen – insgesamt 36 Mühlen, die teils innerhalb der Stadtbefestigung, teils davor oder in den umliegenden Dörfern standen. Neben Korn- und Grützmühlen gab es Walk-, Loh-, Pulver-, Öl-, Zwirn- und Sägemühlen.

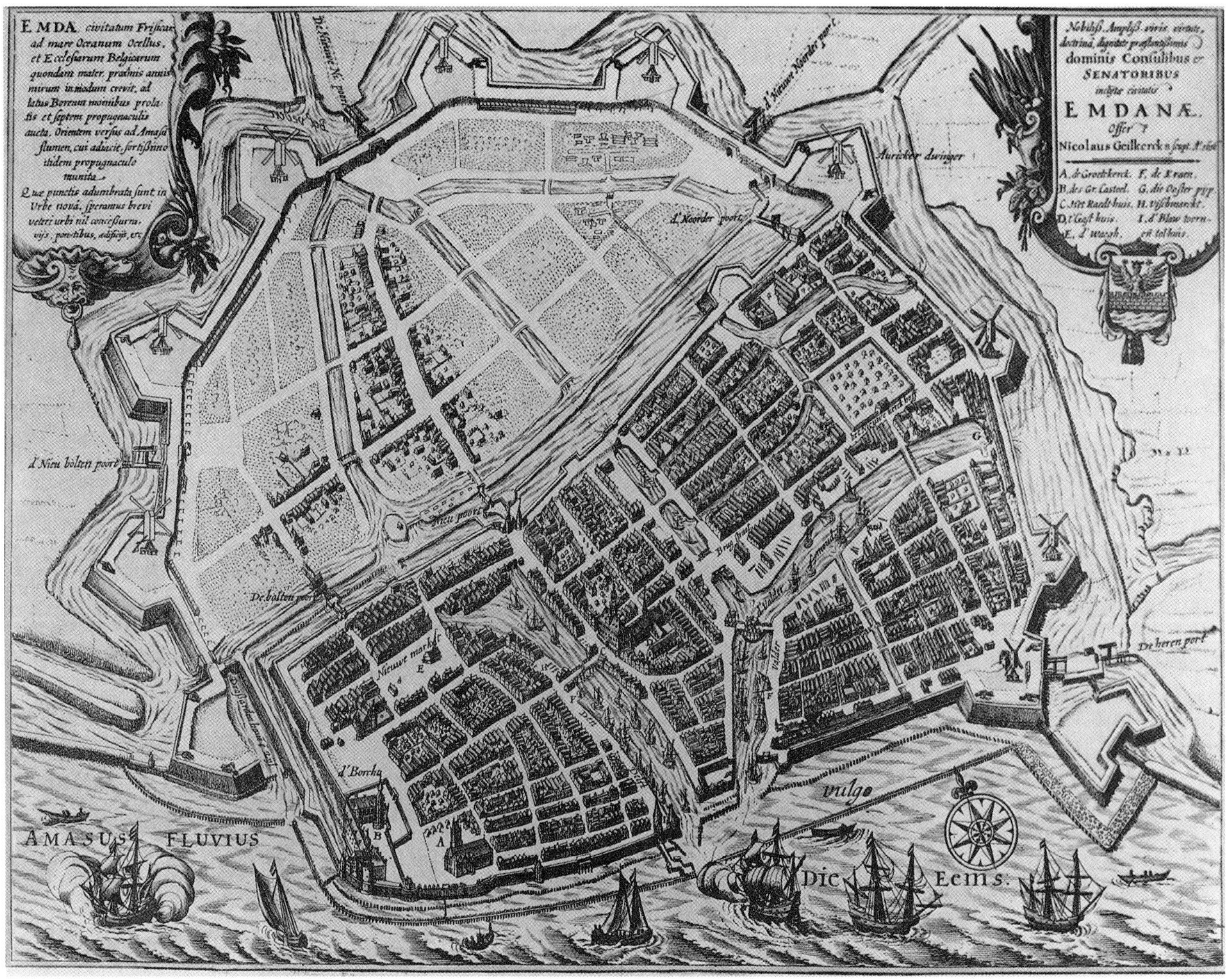

Emden 1606. Karte des Nicolaus Geilkerk

Die erste Mühle wurde auf diesem Platz im Jahre 1574 errichtet. Sie wurde später „Weizenmühle" oder „Schwarze Mühle" genannt. Im Laufe der Jahrhunderte gab es viele Müllerfamilien, die hier ihrem Erwerb nachgingen. 1703 wurde sie durch Sturm zerstört. Die Bäckerinnung erhielt 1711 das Recht, eine neue Weizenmühle zu bauen. Fürstlichen Einsprüchen ungeachtet, setzte der Rat der Stadt Emden Privilegien und Konditionen fest. Die Bäckerinnung war 20 Jahre vom Windgeld befreit, dann mußte sie (oder der Pächter) 50 Gulden bezahlen. Gegen Ende des Jahrhunderts waren es 18 Reichstaler und 28 Stüber. 1788 verfügte der Magistrat der Stadt Emden, einen „Rintselstein" in der Mühle anzulegen. Das „Rinseln" kennt man auch beim Pellen der Gerste. Es handelt sich dabei um einen Vorgang, in dem Gerstenschale zwischen Pellstein und Riffelblech abgerieben wird. Dieser Vorgang dient, wie beim Weizen, auch der Reinigung von Schmutz und Grannen. Jedenfalls hebt es die Mehlqualität beim Weizen, wenn vor dem Mahlgang gerinselt wird.
1810 wurde die Mühle wesentlich erneuert. Im folgenden Jahrhundert hatte die Mühle allerhand verschiedene Pächter. 1898 wurde das Reithdach durch Pappe ersetzt; im folgenden Jahr wurde ein Anbau für einen Gasmotor erstellt. Ab 1905 pachtete ein Müller Buismann die Mühle, der nicht immer mit der Administration der Stadt Emden auf einen Nenner kam. 1913 wurde ihm die Errichtung eines Packhauses abgelehnt. Später waren ihm die Bäume in Mühlennähe zu hoch. 1921 wollte der Müller Kappe, Windrose, Flügel und Achse günstig verkaufen, um dafür einen Sauggasmotor oder eine Dampfmaschine zu erwerben. Die Stadt Emden lehnte wegen Beeinträchtigung des Ortsbildes den Abbau ab. Der Müller Buismann gewann den gegen die ablehnende Verfügung angestrengten Prozeß 1925 vor dem Preuß. OVG Berlin. Der Müller ließ die Flügel trotzdem nicht entfernen, zumal die Stadt ihm einen Zuschuß in Aussicht stellte. Die wirtschaftliche Entwicklung (Deflationszeit, hohe Arbeitslosigkeit) verhinderte die Verwirklichung der guten Absichten. Erst 1941 brachen dann die Flügel infolge mangelnder Unterhaltung bzw. durch Bombenschäden ab. 1946 wurde ein zweigeschossiger Anbau zur Mühle errichtet, in dem 10 Walzenstühle aufgestellt wurden, um die Ernährung der Bevölkerung zu sichern. Schon 1948 ließ Müller Buismann die Flügel wieder anbringen. Aber das Material scheint nicht in Ordnung gewesen zu sein. Mühlenbaumeister Harders stellte 1952 Risse an den eisernen Mühlenflügeln fest, so daß sie herabgenommen werden mußten. Heute ist es eine öffentliche Aufgabe, zur Verschönerung des Stadtbildes die Mittel für neue Flügel bereitzustellen.

Ubbo Emmius hatte bereits für 1591 eine Mühle in Larrelt in seiner Karte markiert. Sie war eine Bockwindmühle, die auf dem „Möhlenwarf" stand und noch 1725 genannt wurde.
Dann aber muß sie irgendwann beseitigt worden sein. Der neue zweistöckige Galerieholländer mit dem Namen „Kost Winning" am Ende der Straße „Möhlenhörn" wurde 1732 errichtet. Die Mühle war eine Roggen- und Peldemühle, und zwar war mit landesherrlichem Konsens der Verlegung der Mühle und der Ausstattung mit zwei Mahl- und zwei Pellgängen zugestimmt worden. Da die landständischen Administratoren zumindest für Peldemühlen eine gewisse Berechtigung zur Mitwirkung bei den Genehmigungen erkämpft hatten, wurde nach vorherigem Bericht des zuständigen Akzisepächters „von Landschaffts wegen" die Erlaubnis erteilt, „solche Grützensteine in der Mühle legen zu lassen" (vgl. Möhn, „Die Fachsprache der Windmüller" usw. 1986, S. 28/29). Schon 1735 beschwerten sich die benachbarten Müller aus Groothusen, Hamswehrum, Upleward, Campen, Rysum und Loquard über den Müller Willem Weyen aus Larrelt, weil dieser aus den Bezirken der Beschwerdeführer durch Dorfschiffer Korn per Schiff auf dem Larrelter Tief befördern ließ, um für Geld das Korn zu mahlen. Später wurde der Witwe Weyen aufgrund der Mahlverordnung vom 1. Juli 1754, das insbesondere die Stadt Emden und die adeligen Herrlichkeiten betraf, wegen des gleichen Delikts eine Strafe von 10 Reichsthalern auferlegt. 1803 wurde dem Müller Vietor die Benutzung der ohne Genehmigung eingebauten Beutelkisten zur Verfeinerung des Mahlguts untersagt. D. Janssen, Emden, hat in der Emder Mühlengeschichte die Müllernamen nachgewiesen.
1845 erwarb der Landwirt Peter Heykes Brauer die Mühle für 10 000 Rthl. in Gold. Die Mühle wurde in der Familie weitervererbt, durch Einheirat wechselte der Name 1905 auf Dupree über. 1974 veräußerte der Müller Gerriet Dupree das Anwesen an Horst Vogt, am 9. November 1978 erfolgte der Eigentumsübergang auf die Stadt Emden. Die Mühle erhielt 1905 zusätzlich einen Sauggasmotor und Anbauten. Erst in den 20er Jahren wurde der Steert durch eine Windrose ersetzt. Die Flügel mußten 1948 heruntergenommen werden. Später fehlte auch die Galerie. Der Larrelter Dorfverein hat sich aber die Rettung der Mühle zur Aufgabe gemacht. So war die Galerie am 31. März 1986 schon wieder angebracht.

Im Bereich der heutigen Gemeinde Südbrookmerland gab es früher 13 Entwässerungswindmühlen. U. a. sorgte die Mühle Groß Sande am Großen Meer für die Entwässerung der Bargsteder Meeden. Als sie nicht mehr erforderlich war, wurde sie abgebrochen und an Edo Schnell in Wrantepott verkauft, wo sie zunächst als Entwässerungsmühle und später als Antrieb für eine Dreschmaschine (vgl. S. 44) Verwendung fand. Nachdem sich auch hier zum letzten Mal die Flügel gedreht hatten, gelangten ihre Überreste an den, wie die Gemeinde Südbrookmerland richtig schrieb, „weiterdenkenden Mühlenliebhaber" Veit Wucherpfennig (von Beruf Notar, Schöningsches Haus Norden).
Als schließlich der Reithdachdeckermeister Behrend Meyer ein etwa 2 ha großes Gelände an der Wiegboldsburer Riede für ein Feuchtgebiet zur Verfügung stellte, konnte die Mühle in die Nähe ihres ursprünglichen Standortes zurückkehren. Nun dient sie allerdings für Bewässerungszwecke. Unter Leitung des Technikers Gerhard Kruse und mit Unterstützung von Gundolf Scheweling (Verein zur Erhaltung der Wind- und Wassermühlen Niedersachsens) erfolgte die Wiedererstellung eines schmucken Bauwerks, sogar mit einer selbstgebauten hölzernen Schnecke. Die Achse besteht aus Lärchenholz, ∅ 23 cm, 5,90 m Länge. Das Holzgewinde ist aus 40 mm Stammkiefer angefertigt worden. Die Förderhöhe beträgt 0,84 m. Über eine ABM-Maßnahme waren der Zimmerer Thielmann Redenius und der Maurermeister Siegfried Reck, darüber hinaus der Zimmerer Jakob Westerhoff und der Reithdecker Behrend Meyer an dem Wiederaufbau maßgeblich beteiligt. Altem Brauch in Holland entsprechend, wurde bei der Einweihung am 10. Oktober 1988 die Mühle spontan auf den Namen der anwesenden 14jährigen blonden Tochter des Dachdeckermeisters, nämlich „Agnes", getauft.

An der Straße von Riepe nach Emden wurde in den Jahren 1985–1986 von der Kreisvolkshochschule Aurich unter Leitung von Klaus Schütz ein neu gebauter Fludder mit archimedischer Schnecke errichtet. Die Bezeichnung dieser Mühle kommt aus dem Altfriesischen von „fletta“ (bewegen, von der Stelle bringen) bzw. aus dem Niederdeutschen von „fleten“ (fließen).

Die Niederländer unterscheiden noch heute zwei Bauarten des Fludders und nennen ihn Bock- und Pfostentjasker. Sie versehen die Flügel mit Segeln und setzen sie ein zum Be- oder Entwässern von Feuchtbiotopen sowie in Torf- oder Tonspitten. In einem Patent aus dem Jahre 1598 für Herrn van Melckenbeke aus Middelburg (Zeeland) werden erstmals Tjasker in Friesland erwähnt. Noch heute dienen diese archimedischen Schnecken, aus Stahl gefertigt und mit einem E-Motor versehen, der Kanalentwässerung.

Dieser Mühlentorso in Wrantepott wurde am 29. 4. 1977 in der „Hamburger Morgenpost“ als „Dreschmühle“ vorgestellt, daher die Verbindung zum Wirtschaftsgebäude. Vorher war sie an anderem Standort eine Entwässerungsmühle.

Wenngleich sie in Bedekaspel (S. 43) als Bewässerungsmühle wieder aufgebaut wurde, wäre ihr Erhalt als einzige norddeutsche Dreschwindmühle wünschenswert gewesen!

Die letzte an ihrem Standort erhaltene Kokerwindmühle, die einst zu Entwässerungszwecken errichtet worden ist, befindet sich in Riepster Leegmoor. Die in Band I abgebildeten Kokerwindmühlen im Museumsdorf Cloppenburg und in Jeddeloh II wurden zu Ausstellungszwecken oder Dekorationszwecken versetzt. Die Kokerwindmühle ist aus der Bockwindmühle zu Entwässerungszwecken entwickelt worden. Nach Nootebart soll sie kurz vor 1414 entwickelt worden sein. In ihrer leichten Holzbauweise war sie besonders für den weichen Marschboden geeignet. Die Köchermühle oder Wippmöhlen ist benannt nach dem hohlen zylindrischen Baum, in dem sich die senkrechte Königswelle dreht. Diese Erfindung erfolgte vornehmlich für Entwässerungszwecke. Das Oberteil (Kasten oder Rumpf) mit Flügelwelle und Getriebe blieb drehbar, während in den pyramidenförmigen Unterbau die starren Teile, wie Schöpfrad oder archimedische Schraube, eingebaut werden konnten. Die Kokerwindmühle wird mit Hilfe eines Steerts in den Wind gedreht, kleinere Weidewindmühlen haben meist eine Windfahne. Nach einer Mühlenbeschreibung von J. C. Freese für Ostfriesland aus dem Jahre 1792 soll die erste Kokerwindmühle 1785 in Vellage gebaut worden sein. Die Mühle in Riepster Leegmoor soll im 19. Jh. errichtet worden sein. Sie liegt ca. 1 km von der Hauptstraße Riepe-Oldersum entfernt an der Straße in Richtung „Leegmoor“. Die Mühle mit der sie umgebenden Landschaft ist ein beliebtes Motiv für Maler und Fotografen. Sie gehört H. Wurpts, wird aber mit öffentlichen Mitteln unterhalten.

In preußischer Zeit wurde die Fehngründung in Ostfriesland gefördert. Durch Privatinitiative des Lammert Harms Aden und Consorten wurde 1780 Ihlowerfehn gegründet. Vorher war Ihlow der Name für „ein sehr schönes und anmuthiges Nonnenkloster südlich von Aurich, mitten in einem weithin sich erstreckenden Holze gelegen", wie Ubbo Emmius um 1600 schrieb. Es handelte sich dabei um ein Zisterzienserkloster, das mitten im Ihlower Forst lag, und das sich 1529 Graf Johann im Zuge der Säkularisierung aneignete. Ihlowerfehn entwickelte sich im Laufe der Zeit zum Mittelpunkt der heutigen Gemeinde Ihlow. Schließlich sah im vergangenen Jahrhundert auch ein Müller dort Erwerbsmöglichkeiten und errichtete einen einstöckigen Galerieholländer. Erster Müller soll Hinrich Evers gewesen sein, dem sein Sohn Ulfert Evers folgte. 1929 wurde Johann Bartling Eigentümer, in den 60er Jahren wird Hinderk de Berg erwähnt.
Die Mühle wurde mittels Steert in den Wind gedreht. Nachdem sie Flügel und Kappe verloren hatte, befand sich auch das Reithdach bald in einem schlechten Zustand. Inzwischen hat die Renovierung des Bauwerks ein fortgeschrittenes Stadium erreicht.

Seit uralter Zeit schlängelt sich ein romantischer Sandweg durch eine typisch ostfriesische Wallheckenlandschaft von Holtrop zur Windmühle Felde, die mit Packhaus und ostfriesischem Gulfhaus ein selten komplettes Ensemble bildet. Der reetgedeckte Achtkant mit „Steert“ und die reetgedeckte Mühlenkappe runden das noch unverfälschte Bild ab.
1866 wurde sie von dem Müller und Mühlenbauer Hinrich Reents Emminga erbaut. Wenige Jahre später verkaufte er sie für ca. 7000 Goldtaler an den Müllermeister Oncke Oncken und wanderte nach Amerika aus. Genau 100 Jahre trieb der Wind die schweren Mahlsteine in Felde an, dann hatte diese umweltfreundliche Windmaschine ausgedient. Die letzten Jahre waren die wechselvollsten für die Mühle. – Nacheinander wurde sie von dem Pächter Harm Saathoff und dem Bäckermeister Friedrich Peters betrieben. Noch heute schwärmen die Leute von dem köstlichen Brot, das hier gebacken wurde. Auch der alte Backofen steht noch im Müllerhaus. 1977 erwarb Fernsehredakteur Heiko von Swieykowski die Windmühle und rettete das Anwesen vor dem Verfall. Sein Engagement gilt auch dem alten Mühlenweg und dem nahen Umfeld dieses ostfriesischen Schmuckstückes.

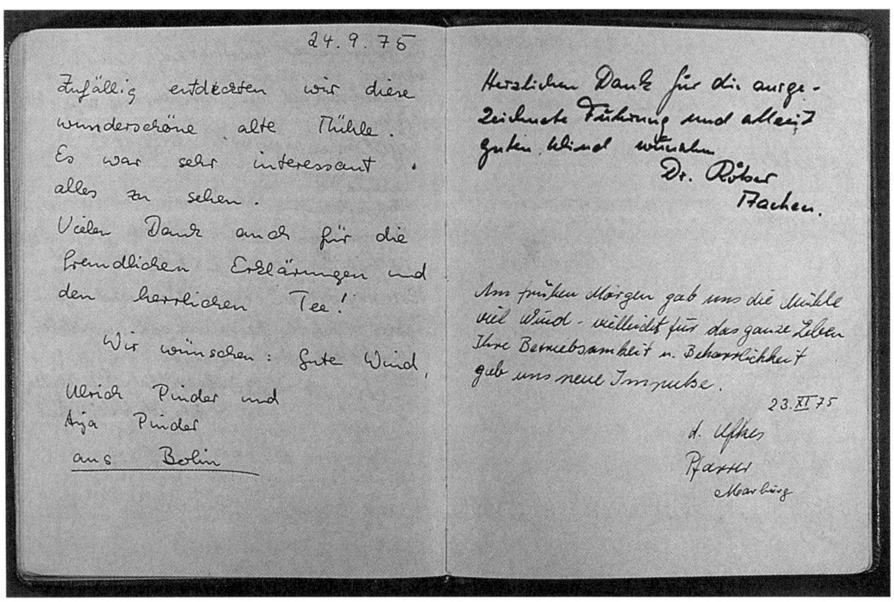

24.9.76

Zufällig entdeckten wir diese wunderschöne alte Mühle. Es war sehr interessant, alles zu sehen. Vielen Dank auch für die freundlichen Erklärungen und den herrlichen Tee!

Wir wünschen: Gute Wind,

Ulrich Pinder und
Anja Pinder
aus Berlin

Herzlichen Dank für die ausgezeichnete Führung und allzeit guten Wind wünscht

Dr. Röber
Aachen.

Am frühen Morgen gab uns die Mühle viel Wind – vielleicht für das ganze Leben. Ihre Betriebsamkeit u. Beharrlichkeit gab uns neue Impulse.

23.XI.75

d. Uffhes
Pfarrer
Marburg

Für seine „Lewen Buutjenter" schrieb Philipp Fürst, der bekannte „Kontaktgendarm" aus der Wesermarsch, anläßlich eines Besuchs im Mai 1978: „Die Windmühle in Spetzerfehn anzusehen und Theo Steenblock beim Kornmahlen zuzuhören, ist mehr als eine Reise wert. Als er mit dem Billhammer den schweren Mühlstein draußen vor der Tür bearbeitete, wußte ich, daß die Arbeit schwer ist, daß so ein Tagewerk mehr als sauer verdient ist. Die Steine, selbst so schwer sie sind, sang er dazu. Später fuhren wir einzeln mit dem selbstgebauten Mühlenpaternoster auf den Steinboden. Er ließ den Mahlgang mit dem Rüttelschuh (Anm.: der das berühmte Klappern verursacht) laufen, erst ganz langsam. Das hörte sich so an: ‚Ik heff Dagloon' (Ich habe Taglohn). Bei etwas mehr Wind (Anm.: durch Verstellen der Jalousien) sang die Windmühle: ‚Ik hebb keen Tied' (Ich habe keine Zeit). Und als er sie etwas langsamer laufen ließ: ‚Wat för een mojen Dag' (Was für ein schöner Tag). So erfuhren wir, daß Klappern zum Handwerk gehört. Und als der Müller noch aus der Bibel zitierte: ‚Du sollst nicht zum Pfande nehmen den Mühlstein' (Mos. 5,24), da wußte ich Bescheid."

1818 wurde auf diesem Platz die erste Windmühle durch Müller Eckhoff errichtet. 1884 ging sie auf die Gebr. Müller über, brannte jedoch noch im selben Jahr durch Blitzschlag ab. Rolf und Andreas Müller ließen dann 1886 den noch heute vorhandenen dreistöckigen Galerieholländer aufsetzen. Im Jahre 1936 erfolgte eine Modernisierung der Mühle durch Einbau von Jalousien und Ergänzung des Windantriebs mittels eines Dieselmotors. Die Familie Müller gab erst 1953 den Betrieb von Mühle und Bäkkerei auf, dann folgte ab 1955 Th. Steenblock, dessen Sohn Hajo ebenfalls den Müllerberuf erlernte. Johann Schoon hatte der Mühle 1957 schon ein Abschiedsgedicht geschrieben: „. . . De Raden, de stahn still . . .“, aber glücklicherweise wurde sie 1961 vollständig renoviert, und der Mahlbetrieb läuft wieder – für den gern gesehenen Besucher interessant – mit Windkraft.

Theodor Georg Steenblock, geboren 1929 in Großsander, einer der letzten praktizierenden Windmüller Deutschlands, bei seiner Arbeit:

1. beim Verstellen der *Jalousieklappen.* Um die Klappen auf eine bestimmte Windstärke einzustellen, sind, wie auf dem Bild sichtbar, Gewichte an die Kette gehängt. Manchmal wurden auch in „iesdern Backje“, die an der Kette hingen, verschiedene Gewichte eingelegt.
2. beim Betätigen des *Sackaufzuges.* Säcke werden vom Erdgeschoß auf den Steensoller hoochluukt.
3. an der *Mehlpiep mit Schuuf* beim Füllen von Mehlsäcken.

Theodor Steenblock ist (Nr. 164 – 10. 11. 1961) eines der ältesten Mitglieder der „Niedersächsischen Vereinigung“, war 1978 Hauptdarsteller im Film „Wir mahlen mit Wind“ und sagt einem Bayern aus Anried, Herrn Rainer A. Krewerth: „Ich finde es als etwas Schönes, wenn der Wind die Mühle treibt. Und wenn schon in der Bibel gesagt wird: ‚Macht euch die Erde untertan‘, so finde ich, weil der Wind dazugehört, macht ihn euch auch untertan.“

Der zuletzt erschlossene (verfehnte) Teil Großefehns ist Ostgroßefehn. Drei Windmühlen gab es in diesem Fehnort. Die Müllersche Mühle, als Fotomotiv zusammen mit der Klappbrücke weltweit bekannt, ist noch vorhanden. Abgebrochen wurden dagegen zwischen 1920 und 1930 die sog. Verlaatsmühle und die Cassenssche Sägemühle. Die Familie Tönjes Cassens besaß übrigens noch eine Sägewindmühle in Westgroßefehn und eine in Mittegroßefehn an der Neuen Wieke, also insgesamt drei Sägewindmühlen. Arends („Erdbeschreibung") berichtet bereits 1824 von einer „Wassermühle zur Speisung des oberen Kanals" (gemeint: Wasserschöpfmühle, mittels derer das Wasser von einem Kanalabschnitt in den anderen Kanalabschnitt gepumpt wurde).

Schon 1770 versuchten die Aurich-Oldendorfer vergeblich, eine Mühle zu bekommen. Erst am 26. April 1804 darf mit dem Mühlenbau begonnen werden, nachdem der Bagbander Müller Jann Focken (Müller) die jährliche Recognition von 532 Rtl. zu zahlen bereit ist. (Als der patronymische Namenswechsel verboten wurde, legte sich die Familie den Hausnamen Müller zu. Nun wechselten nur noch die Vornamen.) Im Eigentum folgten: Heye Janssen Müller (von 1846 bis 1860 Direktor der Ostfr. Mühlenbrandsozietät), dann Johann Heyen Müller, Jürgen Dieko Müller (auch Direktor der Brandsozietät), schließlich Johann Heye Müller von 1924 bis 1958.
Ab 1956 bis 1968 pachtete der Müller Poppinga die Mühle. Dann wurde der Betrieb eingestellt.

Einige weitsichtige Ratsherren der kleinen Gemeinde Ostgroßefehn beschlossen 1969 die Anpachtung durch die Gemeinde, so daß die Mühle erhalten und in Verbindung mit dem Verkehrs- und Heimatverein eine mühlen- und fehngeschichtliche Sammlung angelegt werden konnte, die sonntags von 10 bis 12 Uhr und von 14 bis 18 Uhr zu besichtigen ist.

Zur Ergänzung: Um 1900 diente die Mühle auch der Stromerzeugung, damals waren bis zu 20 Personen in der Mühle und der dazugehörigen Bäckerei beschäftigt. Man belieferte um die Jahrhundertwende die Kunden noch mit einem Boot. Die Kinder sangen lt. H. Gronewold, „Großefehn“, S. 17, dazu:

„Morgenrot, Morgenrot,
Heyohm kummt mit't Müllersboot!
All oll Wief de stahnt up't Deel,
Heyohm kummt mit't Garstenmehl!“

Erst um 1920 wurde der Steert durch eine Windrose ersetzt. Im Laufe ihres Daseins hat die Mühle neben Roggen auch große Mengen Buchweizen verarbeitet.

Zum Foto: Ein Winterbild, wie es nicht typischer für die Fehngebiete sein könnte (Mühle, Klappbrücke, Kanal und Schlittschuhläufer).

Großefehn wurde ab 1634 angelegt. Als die Besiedlung immer mehr zunahm, wünschte man sich eine Windmühle, da die 1717 errichtete Timmeler zu weit entfernt lag. 1751 baten Gerd Lüken Saathoff und Frerich Jürgens, eine „Pelde- und Rockenmühlen“ erbauen zu dürfen. Man einigte sich aber nicht über den Standort. Erst nach dem 7jährigen Krieg (1756–1763) verfolgte Frerich Jürgens allein die Angelegenheit und fuhr 1768 sogar nach Berlin, ohne Erfolg, da Kammerpräsident Colomb in Aurich negativ Stellung nahm. Erst der nächste Anlauf, in dem Jürgens eine „Korn-, Säge- und Ölmühle“ beantragte, führte zur Genehmigung. Bei der öffentlichen Ausschreibung bekam aber der Timmeler Müller Reiner Harmens, der bisherige erbitterte Gegner dieses Anliegens, den Zuschlag. Da seine Timmeler Mühle 1771 und 1772 zweimal durch Blitzschlag abbrannte, wurde die Großefehner erst 1773 fertiggestellt. Sie wurde als Holländer mit Pellgang errichtet. Die Konkurrenz erreichte, daß die Timmeler und Großefehner Mühle nur je ein Paar Mahlsteine haben durften. Die Söhne von Reiner Harmens erbten je eine Mühle. Der Großefehner nannte sich Hinricus von Hovelingen, in dessen Familie die Mühle bis 1860 blieb, dann folgten Hinrich Arends, schließlich Arnold de Wall (1880 und 1888 nochmals Brand durch Blitzschlag). 1892 übernahmen Heyo Gerh. Onken und ab 1932 dessen Sohn Onken Heye Onken den Betrieb. Heute: Landhandel des H. G. Onken.

Die Windmühle in Aurich-Haxtum soll 1853 erbaut worden sein. Sie brannte aber nach gut drei Jahrzehnten 1885 durch Blitzschlag ab und wurde dann in der heutigen Form wieder aufgebaut. Die Mühle besitzt noch einen Steert. Etwas Besonderes an der Mühle ist (seit 1912) der sog. „Kreuzversteifungsring", der von dem ehemaligen Müller H. F. Willms, Seriemer Mühlen (vgl. Band I., S. 39), erfunden und im Jahre 1911 als Deutsches Reichspatent angemeldet wurde. An seinen beiden Mühlen in Seriem hatte Willms schon 1911 diese Kreuzversteifungsringe angebracht. Die Müller lobten in Referenzschreiben diese Erfindung sehr. Der Kreuzversteifungsring wurde aus Flußstahl geschmiedet und hatte einen Durchmesser von 2800 resp. 3000 mm bei einer Stärke von ca. 120 x 30 mm. Er wurde mit starken Bügelschrauben am Kreuz befestigt. Durch diese Verbindung der Flügel wird der Druck des Windes auf die Flügel verteilt, wodurch ein Lockerwerden im Wellkopf vermieden und auch ein Durchschießen der Mühlenflügel unmöglich wird. Auch beim Bremsen wird das Kreuz entlastet. Willms sprach in seiner Werbung von einer „mindestens 4fachen Gebrauchsdauer" des Kreuzes. Die 1854 Ulrich Albertus Steen gehörende Haxtumer Mühle steht seit vielen Jahren im Eigentum der Familie Ross.

Im Gegensatz zur alten Wallmühle, die innerhalb der Stadtbefestigung gebaut wurde, errichtete man 1578 (nach Kleeberg) vor dem Ostertor eine Bockwindmühle, die außerhalb der Burg stand und daher bis auf den heutigen Tag „Außenmühle" genannt wird. Kleeberg nennt verschiedene Müllernamen und berichtet, daß diese Mühle 1883 in einem Sturm umkippte. Zum 1. Mai 1835 wurde die Mühle an Gerd Dirks Müller in Erbpacht ausgegeben, also privatisiert (bis dahin war Willm Focken Huischen Pächter), und blieb bis 1881 in Familienbesitz. Die Erben des Dirks Albers Müller veräußerten sie dann an Hempkea Vosberg, geb. Ahten. Sie war schon mit 25 Jahren Witwe geworden, denn ihr Ehemann, der im Herbstregen Vieh zum Gallimarkt nach Leer getrieben hatte, erlag wenige Tage später einer Lungenentzündung. Die junge Witwe mußte damals allein für ihre drei kleinen Söhne sorgen.

Nun war sie 53 Jahre alt, als sie 1884 den dreistöckigen Galerieholländer errichten ließ. Ihr Sohn Garrelt Heeren Vosberg mußte wahre Strapazen auf sich nehmen, wie die Firmenchronik von 1981 eindrucksvoll beschreibt. Dafür durfte er nach seiner Heirat 1885 den Mühlenbetrieb als Pächter, 1896 als Eigentümer übernehmen. Von seinen sieben Kindern fielen drei Söhne im I. Weltkrieg, eine Tochter verstarb 1915. Der vierte Sohn wurde nun aus Rußland zurückgerufen und überlebte. Aber die Mutter überlebte dieses Drama nicht. Sie starb 1917.

Der nunmehr einzige Sohn führte (mit Hilfe des Vaters) den Betrieb nach Kriegsende weiter. Aus seinen beiden Ehen (die erste Frau verstarb früh) gingen die Söhne Hermann und Friedrich hervor. Sie führen noch heute die Müllerei und gliederten einen Landhandel an. Ein Nachfolger in nächster Generation ist vorhanden (Garrelt H. Vosberg). Die Firma Vosberg hat einen modernen Betrieb mit einer Anzahl Mitarbeiter.

Am Standort der Mühle, dem Mühlenplatz an der Oldersumer Straße, wird schon seit 1731 Getreide gemahlen. Damals erhielt der aus Jemgum stammende Müller Dirk Albers das fürstliche „Privilegium", für das Amt Aurich Grütze, Weizen- und Buchweizenmehl herzustellen. Dem damaligen Erdholländer („Hockmühle") wurde bald von der umliegenden Bebauung der „Wind genommen". So entschloß sich der Müllermeister Hermann Knoop zum Neubau im Jahre 1858. Der 5stökkige Galerieholländer ist mit 28,7 m Höhe nach Hage die zweitgrößte Mühle Ostfrieslands. Die Mühle wurde (zunächst Sohn, dann Enkel) von der Familie Knoop bis 1931 betrieben, dann drohte der Mühle der Abbruch. Sie wurde gerettet durch ein Fräuleinstift, die Sethesche Stiftung, daher übrigens der Name „Stiftsmühle". Die Damen verpachteten die Mühle an die Gebrüder Freimuth, die bis 1968 den Betrieb aufrechterhielten. Nun konnte der Heimatverein Aurich e.V. sein altes Vorhaben verwirklichen und nach Renovierung der Öffentlichkeit ab 1977 ein Mühlenfachmuseum präsentieren. Die Mühle ist funktionsfähig. Es kann Getreide gemahlen werden.

Gerd Mimken Saathoff, am 30. Oktober 1910 in Schirum (Ostfriesland) geboren, ist nun schon 78 Jahre alt, aber, wie er erzählt, immer noch kein Rentner, obwohl er als Geschäftsführer eines Unternehmens seine Arbeit beendet hat. Große Verdienste hat er sich als erster Vorsitzender des Heimatvereins Aurich e. V. und Mitglied der Ostfriesischen Landschaft bei der Wiederinbetriebnahme der Stiftsmühle erworben. Durch den Ausbau von 3 Etagen mit neuen Treppen wurde eine vielseitige museale Einrichtung geschaffen. Pädagogisch gut aufgebaut werden in Bildern und Modellen die Funktionsweisen von Mühlentypen gezeigt. Außerdem sind sämtliche Getreide- und Mehlsorten zu besichtigen. Die Mühle ist für Besucher ein Anziehungspunkt geworden, der selbst die kühnsten Erwartungen des Heimatvereins übertroffen hat. Geöffnet ist vom 1. Mai bis 30. September eines jeden Jahres. Für Gruppen und Schulklassen werden sachkundige Führungen durchgeführt. In den Wintermonaten werden durch freiwillige Helfer die Sammlungen über das gesamte Mühlenwesen ausgebaut und die Mahlgänge überholt.

Ein gute Werbewirkung haben die abgebildeten, nach dem Entwurf des Heimatvereins geprägten Kupfer- und Silbermedaillen. Sie wurden 1977 zur Wiederinbetriebnahme von der Bremer Firma Jürgensmann und Bensch, Edisonstraße 18, Telefon 04 21 / 27 18 92, gefertigt und können in der Mühle, bei der Volksbank und der Oldenburgischen Landesbank erworben werden. Der Erlös wird für die Bauunterhaltung verwendet.

Die im Außenbereich aufgestellte betriebsfertige archimedische Schraube und die abgebildete Göpelanlage vervollständigen die Anschauungsobjekte. Der Göpel wurde aus einem ostfriesischen Hof in Middels (Straße von Aurich nach Wittmund) erworben. Er besteht aus Gußeisen und ist um 1900 von der Firma Heinrich Lanz in Mannheim gefertigt worden. In seine 2,50 m langen hölzernen Antriebsarme konnten bis zu vier Tiere eingespannt werden, um Dresch- oder Häckselarbeit zu erledigen.

Die Direktion der Mühlenbrandsocietät beantragte im Jahre 1804, fortan keine weiteren Mühlen zuzulassen. Während man im Jahre 1754 insgesamt 90 Korn- und Peldemühlen hatte, waren es im Jahre 1804 nämlich schon insgesamt 100. Nachdem Ostfriesland 1806 vom Königreich Holland besetzt worden war und schließlich 1810 sogar an Frankreich kam, wurde in dieser Zeit die Gewerbefreiheit eingeführt. Nun konnten Mühlen ohne „Bedürfnisprüfung und Genehmigung“ gebaut werden. In „Fachsprache der Windmüller und Windmühlenbauer, Bd. 62, Verlag Ostfr. Landschaft“, ist nachgewiesen, daß bis 1817 29 Getreidemühlen hinzukamen. So konnte im Jahre 1812 auch in Wiegboldsbur eine zweistöckige Holländermühle errichtet und betrieben werden. Müllernamen: Kruse (1818), Janssen (1826), Feldkamp (1932), Freimuth (1935), Siebels (1959). Im Jahre 1912 wurde die Mühle um ein drittes Stockwerk aufgestockt. Die Mühle wird immer noch mit Motorkraft betrieben und kann während der Arbeitszeit an Werktagen besichtigt werden.

Im DuMont-Landschaftsführer für Ostfriesland, 3. Aufl., 1985, heißt es: „In Münkeboe verrottet der Überrest einer Mühle." Das war der nicht berichtigte Text der ersten Auflage. Und er stimmte zu diesem Zeitpunkt nicht mehr – die Mühle war restauriert. Seit 1825 hatten die Kolonisten versucht, eine Mühlen-Konzession zu erhalten. Erst 1852 wurde der Bau genehmigt und 1853/54 ein zweistöckiger Galerieholländer errichtet. Seit 1910 befindet er sich im Besitz der Familie Fleetjer, 1968 zerstörte ein Sturm die Flügel. Und seit dieser Zeit war die Mühle tatsächlich vom Verfall bedroht. Der Eigentümer hatte sogar vor, die Mühle abbrechen zu lassen. Dann aber fanden sich beherzte Bürger zusammen, die durch Initiative von Gerhard Kruse einen in der Folgezeit unermüdlichen Trägerverein zur Mühlenerhaltung gründeten (1. Vors. Gerh. Kruse). Neben der Aufbringung von Mitgliedsbeiträgen und Spenden kam man sogar auf die außergewöhnliche Idee, aus Altpapiersammlungen und -verkäufen Mittel für die Mühle zu erhalten. Auch öffentliche Mittel in stattlicher Höhe wurden beantragt und gewährt. So trieb man die Restaurierung voran.

Dabei wurden auch Teile der vom Münkeboer Mühlenverein in Friedeburg 1981 und in Spiekerneufeld bei Cuxhaven 1984 (von dort stammt die fast 18 t schwere Mühlenkappe) abgebrochenen Mühlen verwendet. Nachdem 1985 die Flügel angebracht und 1986 das Innenleben vervollständigt wurde, konnte die Mühle nach einem Gesamtkostenaufwand von 588 000,– DM wieder eingeweiht werden. Der rege Mühlenverein entwickelte auch danach bzw. parallel zum Mühlenbau weitere Aktivitäten (Holzbau-Werkstatt, Schmiede, Samml. landw. Geräte, Bäckerei, Schulklasse), um heimatliches Kulturgut zu bewahren – beispielhaft!

Warsingsfehn wurde 1736 angelegt und nach seinem Begründer, dem Dr. Warsing, benannt. Fr. Arends erwähnt 1824 in seiner „Erdbeschreibung", S. 221, daß der Ort sich in den letzten 40 Jahren gut entwickelt habe und nun schon über 100 Häuser und 505 Einwohner zähle. Neben einer Schiffswerft habe der Ort zwei Kornmühlen. Und Houtrouw, „Ostfriesland", 1889, II, S. 427, ergänzt, daß sowohl Ost- als auch Westwarsingsfehn äußerlich durch je eine Mühle geschmückt seien. Die Mühle der Familie Bohlen soll Anfang des letzten Jahrhunderts erbaut worden sein; jedenfalls wird 1818 ein Berend J. Bohlen als Erbpächter der Mühle, die auch einen Ölschlag gehabt haben soll, erwähnt. Für die andere Mühle wird 1834 ein Müller Heinkes erwähnt. Die Bohlensche Mühle brannte 1885 durch Blitzschlag ab, wurde aber 1886 wieder aufgebaut. Der zweistökkige Galerieholländer ist durch Anbauten mit dem Wohn- und Wirtschaftsgebäude verbunden. Leider fehlen neben der Galerie seit 1967 die Flügel. Das Dach ist durch eine Metallabdeckung gegen Witterung geschützt. Der Bauzustand des Mühlenrumpfes würde insgesamt eine Wiederherstellung rechtfertigen, zumal es die letzte Windmühle der Gemeinde Moormerland ist. Außerdem wäre es zu wünschen, die Tradition der Müllerfamilie Bohlen fortsetzen zu können. Vielleicht könnte dort die 250jährige Geschichte des Dorfes Warsingsfehn dokumentiert werden, die wesentlich vom Mühlengeschehen mitgeschrieben wurde.

Zum Foto: Dem Fotografen ist eine interessante Aufnahme gelungen. Um wieviel stimmungsvoller könnte das Bild aber noch sein, würden sich im Wasser auch die Flügel spiegeln.

Die Gemeinde Großefehn bemüht sich sehr, in Verbindung mit den Eigentümern und weiteren Förderern, die fünf auf dem Gemeindegebiet noch befindlichen Mühlen zu erhalten. Die Windmühle Bagband an der Bundesstraße 72 hat sie auf 30 Jahre gepachtet mit dem Ziel, die Mühle wieder funktionsfähig herstellen zu lassen. Und das ist richtig so, denn Bagband ist eine alte Mühlenstätte. Dort befand sich schon um 1600 eine Windmühle, die urkundlich 1611 mit dem damaligen Erbpächter Röbe Dirks erwähnt wird. Auch auf der „okularischen" Zeichnung von 1650 (vgl. Tebbenhoff: „Großefehn", 1963), als man noch Backbant (später Backband) schrieb, ist die Windmühle durch Symbol dargestellt. 1735 hat sie dann ein Müller Röbe Harms – lt. Stürenburgs Amtsbeschreibung (S. 144) – gegen Quittung von 500 Gulden in Erbpacht erhalten. Dieser mußte jährlich 22 t Roggen und 22 t Gerste oder Malz samt 2 „Kapaunen" (= kastr. Hähne) oder 2 jungen „Kalekuthünern" (= Truthähne) an die Herrschaft entrichten.

1768 ist Focke Janßen Müller zu Bagband nachweisbar. Am 12. März 1800 klagt der Bagbander Müller Heye Janßen (Müller, später Besitzer der Mühle am Spetzer Weg) über den emporkommenden Kartoffelanbau, der für die Müller sehr schädlich sei. Wörtlich: „Zwölf bis vierzehn Familien brauchen heute nicht soviel Getreide wie früher ein einziger Bauer für sich und sein Vieh." 1804 heißt der Bagbander Müller Jann Focken, der eine jährl. Recognition von 130 Rtl. 10 gg zu zahlen hat.
Die jetztige Holländerwindmühle wurde in der „Franzosenzeit" 1812 errichtet. Der Schlußstein über der Tür trägt die Buchstaben „F.I.B" für F. J. Bohlen. Die Mühle mißt bis zur Galerie ein Stockwerk und ist somit als einstöckiger Galerieholländer zu bezeichnen. Noch nach dem II. Weltkrieg hatte die Mühle einen Steert, der inzwischen aber durch eine Windrose ersetzt worden ist. Die Müllerfamilie Bohlen blieb bis heute Eigentümer der nunmehr 175 Jahre alten Kornwindmühle. Im Jahr 1988 wurde die Kappe renoviert und mit Kupferblech eingedeckt.

Wenn die Müllerstochter Mena ter Veen von der Mühle und ihrer Familie berichtet, dann merkt man sofort, daß sie sich der über 100jährigen Familientradition verbunden fühlt. Der Urgroßvater Heye ter Veen ließ 1887 den zweistöckigen Galerieholländer errichten. Die Söhne führten die Mühle weiter. Menas Vater Heyo ter Veen ist seit vielen Jahren Müller und Mühleneigentümer. Und ihr Bruder Reiner, knapp über 20 Jahre alt, ist auch in diesen Beruf eingestiegen und Müllergeselle geworden. Die Mühle wird zur Zeit renoviert.

In der Aufstellung der Auricher Kriegs- und Domänenkammer über die Mühlen im Jahre 1754 befindet sich auch eine Kornmühle der Kirche in Remels. Sie war eine Privatmühle. Die Kirche besaß in Ostfriesland noch weitere Privatmühlen. Nach der Aufstellung von 1804 gab es in Remels neben der Kornmühle noch eine Pellmühle, die nach Arends ebenfalls der Kirche gehörte. Eine Mühle hatte ihren Standort im Nachbarort Bühren. Sie wurde im II. Weltkrieg durch Kriegseinwirkung beschädigt und bald nach Kriegsende abgebrochen.
Die heutige Mühle in Remels wurde lt. Inschriftenstein 1847 errichtet. Erbauer waren J. C. Janßen und dessen Ehefrau A. C. Janßen geb. Roskam. Die Windmühle liegt an der Straße „Alter Postweg" in Richtung Neudorf/Wiesmoor. Sie blieb bis 1963 im Eigentum der Familie Janßen, zuletzt Christian J., war allerdings einige Jahre verpachtet. Glücklicherweise übernahm 1963 die Gemeinde Remels das Anwesen und ließ die Mühle instandsetzen. Nach der Gebietsreform wurde dann die Großgemeinde Uplengen Mühleneigentümerin. Wenn die Mühle auch stillgelegt ist, so funktioniert doch noch das Windwerk. Das gesamte Anwesen befindet sich in einem mustergültigen Zustand und kann nach Vereinbarung mit der Gemeinde besichtigt werden.

Nord- und Südgeorgsfehn wurden 1825 vom Staat gegründet. Nach dem Bau der Kanäle wurden dort typische Fehnsiedlungen angelegt. Die Namensgebung erfolgte nach Georg IV., der von 1820 bis 1830 König von Hannover und Großbritannien war.
Erst im Jahre 1907 war die wirtschaftliche Entwicklung offensichtlich so weit gediehen, daß hier ein Müller sein Auskommen zu haben glaubte. So entschied sich der aus Westermoordorf stammende Müller Alfons Goldenstein zum Bau eines zweistöckigen Galerieholländers. Der Sohn Bernhard Goldenstein übernahm nach dem Tode des Erbauers das Anwesen und veräußerte die Mühle 1954 an die landwirtschaftliche Bezugsgenossenschaft. Die Raiffeisengenossenschaft hat die Windmühle über die letzten dreieinhalb Jahrzehnte als Symbol ländlicher Agrargeschichte und als technisches Denkmal und damit dem Ort eine Sehenswürdigkeit erhalten. Das ist nicht selbstverständlich. Die Mühle könnte heute noch mit Windkraft mahlen.
Da um 1900 Schlackenwege neben den Kanälen angelegt wurden, brauchte die Mühle nicht mehr unmittelbar am Kanal errichtet zu werden, weil sie mit Wagen erreicht werden konnte. Der Mühlenunterbau ist unmittelbar mit den Gebäuden des Landhandels verbunden.
Das gesamte Anwesen befindet sich neben dem Friedhof – das eine für die Lebenden, das andere für die Toten.

Nach dem ostfr. Mühlenverzeichnis von 1818 soll 1706 die erste Mühle in Holtland als Bockwindmühle errichtet worden sein. Sie wird in diesem Jahre vom Fürsten in Erbpacht ausgegeben. Des weiteren ist vermerkt, daß sie früher beim Kloster Barthe gestanden habe. In der Mühlenkarte des Ubbo Emmius von 1590/91 ist tatsächlich für das Kloster Barthe eine Mühle verzeichnet. In der Tabelle von 1754 fehlt diese Mühle; dafür ist aber die Roggenmühle von Holtland erwähnt.
Nach Kleeberg soll der erste Müller der 1717 verstorbene Johann Janssen gewesen sein, dessen Nachfahren später den Zusatz Müller zum Familiennamen trugen, bis „Müller" dann überhaupt der Familienname wurde.
1863 wurde die Bockwindmühle abgebrochen und durch einen dreistöckigen Galerieholländer ersetzt. In den 20er Jahren d. Jh. wurde ein Mahlgang mit einem Elektromotor ausgerüstet. Zum Ende des II. Weltkrieges bestanden Pläne, die Mühle zu sprengen. Glücklicherweise blieb sie erhalten und konnte 1950, 1966 und 1973–75 grundlegend renoviert werden. Die letzte Renovierung war erforderlich geworden nach dem Orkan vom 13. November 1972. Weil die Jalousieklappen der Flügel geschlossen waren, wurden die Flügel mit Achse angehoben, und beim Senken brach der Windbalken, der die Hauptbelastung – bis zu 20 t – zu tragen hat. Daß die Flügel anschließend wie Streichhölzer abknickten und die Windrose beschädigt wurde, wird diejenigen, die damals den Orkan, der ganze Wälder in Niedersachsen umwarf, miterlebten, nicht verwundern. 35 000,– DM Renovierungskosten wurden damals angesetzt. Der Eigentümer Andreas Müller ließ die Mühle mit finanzieller Hilfe Dritter wiederherstellen. Heute ist Frau Frauke Müller Mühleneigentümerin. Besichtigungen nach Vereinbarung.

Der zweistöckige Galerieholländer wurde 1895 als Getreide- und Sägemühle von Jan Eiklenborg gebaut. Ihm folgte Johann Gerhard Eiklenborg.
Heute ist Jan Gerhard Eiklenborg Eigentümer und setzt sich eifrig für die Erhaltung der Mühle ein. Um die Einrichtungen für den Sägebetrieb unterbringen zu können, wurde die Mühle mit einem größeren seitlichen Anbau versehen. Wie die Mühle in Ruttel, so hat auch diese Sägemühle ein Horizontalgatter. Verschiedene Außenanlagen weisen noch auf die Funktion als Sägemühle hin. Die Mühle war eben auch eine Kornmühle und hatte dafür zwei Mahlgänge und einen Peldegang. Sie wurde 1945 durch die Kriegsereignisse beschädigt, später aber wieder voll funktionsfähig hergestellt.

Das im Jahre 1895 eingebaute Horizontalsägegatter arbeitete bis in das Jahr 1933 mit Windkraft, ähnlich konstruiert wie beim Müllermeister Willi Egenhoff in der Sägemühle in Ruttel (siehe Band I, Seite 45). Aus wirtschaftlichen Gründen wurde es damals mit einem Elektroantrieb versehen. Herr Jan Eiklenborg, der auf diesem Bild das Gatter steuert, überlegt heute, den Windantrieb wieder einzubauen, um zu zeigen, daß die Konstruktion, die sich unsere Altvorderen erdachten, auch noch funktionsfähig ist. Möge ihm diese Arbeit gelingen!

Auf dem nebenstehenden Bild sieht man Johann Eiklenborg (1905–1986) wie er den aus einem Stück gefertigten Blaubasaltstein schärft, der der Feinmehlherstellung diente.

◊ Diese Mühle steht auf der Wierde in Jemgum. Der Müller Geerd Crehling ließ sie 1756 als Mehl- und Peldemühle errichten. Ihm folgte als Müller Conrad Crehling. Die Mühle blieb auch 1823 in der Familie, als Conrads Tochter Gepke und ihr Ehemann Geerd Jans Vienna den Betrieb übernahmen. 1834 folgte als neuer Müller Temme Geerds Dreesmann, dessen Sohn die Tochter des Zwirnfabrikanten Buismann (Jemgum hatte 1804 noch 15 Zwirnfabrikationen) ehelichte, was insofern von Bedeutung ist, als Schwiegervater Buismann von dem Sohn und Erben Dirk Crehling dessen Erbteil an der Mühle Jemgum erwarb. G. Tammen Dreesmann und Frau hatten sie dann 1852 in Besitz, gerieten aber in Zahlungsschwierigkeiten, so daß der Hauptgläubiger Peter Spekker die Mühle erwarb und sie an Casjen Casjens verpachtete. Spekker veräußerte sie 1872 für 7500 Goldthaler („in klingender Münze in vollwichtigen Pistolen oder in Kronen, die Pistole zu fünf und die Krone zu achtzweifünftel Thaler“) an D. A. Ahten. Die Mühle blieb nun lange im Familieneigentum, nachdem sie 1909 an Johann Gerjets Ahten vererbt worden war. Erst 1955 wurden die Eheleute Adele und Knut Hetzke Eigentümer. Der reithgedeckte Galerieholländer macht einen guten Eindruck. In Jemgum gab es früher noch eine Holländer-Ölmühle.

Bereits 1448 ließ der aus Emden gebürtige Ocko, der anderenorts Kirchherr und Abt war, eine Windmühle errichten. Auf dem bei Houtrouw abgebildeten Stich von der Schlacht bei Jemgum am 21. 7. 1568 ist eine Bockwindmühle abgebildet. Die „lange Straße“ von der Mühle bis zum Accisehaus ist nach der Schlacht des Herzogs Alba gegen Ludwig von Nassau mit Leichen übersät.
1573 tritt das Kloster Jemgum die Mühle an Graf Edzard ab. Sie wird während eines Gewitters zerstört. 1676 erhält der Müller Dirk Alberts die Konzession, auf eigene Kosten eine Mühle zu bauen (gegen Windgeld). 1774 wird von Conrad Crehling eine neue Holländermühle gebaut. Pächter sind je zwei Generationen der Müllerfamilien Müntinga und Plenter. 1945 wurde die Mühle durch Kriegseinwirkung beschädigt, diente zunächst als Lager und dann als Wohnhaus des Schulrektors Cassen Cornelius, dessen Söhne Jan und Jörn als friesische Liedermacher bekannt sind.

Das Schraubenzahnrad (schräg-gestellt) mit dem 1 1/2 größeren unteren Königszahnrad. Der Größenunterschied erhöht die Umdrehungsgeschwindigkeit der Schraube.

Im Jahre 1804 verpflichteten sich die Erbpächter Hinrich Behrends, J. H. Boelsums und Peter Poppens zum Bau einer Wasserschöpfmühle, die 1806 dann fertiggestellt wurde. Sie diente aber auch zur Entwässerung von drei weiteren Besitztümern, wofür die Bauern Agena Snoek und Sikkes Entgelte entrichteten. Bei der Ostfriesischen Mühlen-Brand-Societät in Aurich war die Mühle mit 3080 holl. Gulden versichert. Die Wasserschöpfmühle, die 1854 Chr. Homfeldt gehörte und 1898 an Baye Smit überging, diente dem letztgenannten Eigentümer noch bis 1955 zur Entwässerung. Dann löste ein modernes Schöpfwerk die Entwässerungsaufgabe. Der Nachfolger Eggo Smit übergab die Mühle in die Obhut des Heimatvereins „Rheiderland". Sie wurde 1963–1968 renoviert. Nach Sturmschäden 1972 und 1976 übernahm die Gemeinde Bunde die Unterhaltung; die Mühle erhielt nun eine Windrose.

Am Standort des heutigen 4geschossigen Galerieholländers wurde nach Eintritt der Gewerbefreiheit bereits 1869 eine zweigeschossige Windmühle errichtet. Bauherren waren die Geschwister Pollmann, erster Pächter der Müllergeselle Müntinga (vorher „Königsmühle“ Bunde). Als die Familie Pollmann ausgestorben war, wurde die Mühle an den Müllermeister Willms veräußert, der sie 1910 an den Müller Hinderk Klaaßen weiterverkaufte. In einer Mainacht 1911 brannte sie ab. Der Mühlenbauer Gerd Paul Wiertzema baute nun eine 4geschossige Mühle für den Eigentümer Klaasen.
Hermann Huisinga übernahm die Mühle 1956. Der ausgebildete Müllermeister modernisierte die Mühle durch Einbau von Jalousieflügeln und Austausch des Steerts gegen eine Windrose, so daß die Mühle noch bis in die 60er Jahre mit Windkraft betrieben werden konnte. Danach verfiel die Mühle immer mehr, bis sie ab 1974 mit erheblichen Eigenmitteln wieder instandgesetzt werden konnte. Eine neue Kappe war erforderlich, 1975 wurde der Achtkant in Ordnung gebracht, neue Flügel und ein neuer Bunkler folgten. Die Mühle kann noch mit Windkraft mahlen, sie ist aber auf Motorbetrieb ausgerichtet.

„Das Wandern ist des Müllers Lust...", so beginnt ein altes Volkslied. Aber auch viele Mühlen „wanderten", d. h. sie wurden an andere Standorte versetzt. So erging es auch der lt. Wappenstein 1831 erbauten Visserschen Mühle, die ursprünglich nahe Leerort-Leer an der Leda stand. 1899/1900 wurde diese Mühle abgerissen und von dem Müller Everwien ter Haseborg nebst Ehefrau Susanna geb. Janssen in Möhlenwarf an der Straße nach Weenermoor wieder errichtet.
Nach Rudolf C. Hoek, „Mühlen und Müller im Rheiderland", soll 1692 schon in Jelsgaste-Möhlenwarf eine Bockwindmühle gestanden haben. Außerdem ließ ein Hermann A. Hesse 1882 eine eingeschossige Galerieholländermühle (später wurde sie auf vier Stockwerke erhöht) in Möhlenwarf errichten, die zunächst an das Ehepaar ter Haseborg verpachtet war, bis die fleißige Müllerfamilie ihre eigene Mühle errichten lassen konnte. Vier Söhne dieser Familie wurden schon fast selbstverständlich wieder Müller (in Stapelmoor, Lintelermarsch/Norden, Möhlenwarf und Augustfehn). Der dritte Sohn, Everwien, hatte die Mühle Möhlenwarf übernommen; sein einziger Sohn mit dem gleichen Namen fiel im II. Weltkrieg bei Stalingrad.
Ein bekannter Entertainer erwarb die Mühle, man muß ihm bescheinigen, daß er beim Umbau zu Wohnzwecken das Äußere der Mühle so zurückhaltend verändert hat, daß die Mühle insgesamt einen hervorragenden Eindruck macht.

Ubbo Emmius verzeichnet für 1590/91 zwei Mühlen in Stapelmoor. Auch in späteren Jahrhunderten gab es zwei Mühlen. Die Mühle Sterrenberg, in 6 Generationen von der Familie betrieben, blieb leider nur als Stumpf mit Müllerwohnhaus erhalten. Die abgebildete Mühle dagegen wurde renoviert. Auf diesem Mühlenplatz stand jahrhundertelang eine Bockwindmühle, die R. C. Hoek in seinem Mühlenbuch über das Rheiderland abgebildet hat. Über mehrere Generationen blieb eine Familie, beginnend mit Harm Borcherts (1707), Eigentümer der Mühle. Der Sohn Borchert Harms (Namenswechsel) übernahm die Mühle nicht, dafür aber dessen jüngster Bruder Albert Harms, der sich (mit dem Zusatz „Mülder") und den Namen seiner Ehefrau „Antje de Buer" 1777 im Wappenstein (Hausgiebel) verewigte. Antje Geerd de Boer, wie sie eigentlich hieß, kam aus reicherem Haus und konnte durch ihre Mitgift die beiden altereren Brüder ihres Mannes auszahlen. Der Sohn von Antje und Albert hieß nach der Mutter Gerd de Boer. Er erbte die Mühle und gab sie schließlich an eines seiner Kinder, nämlich Antje, weiter; letztere hatte den Müller Jan Jans Müntinga geheiratet. Die Mühle wurde nun nacheinander an verschiedene Interessenten verpachtet, bis schließlich der Sohn des Eigentümerpaares, Everhard Müntinga, die Mühle übernahm. Da er jedoch schon mit 24 Jahren starb, mußten die Eltern den Betrieb wieder übernehmen. Der letzte Müller, Jan Luiken ter Haseborg, ließ im Jahre 1909 die Bockwindmühle abbrechen und durch einen dreistöckigen Galerieholländer ersetzen. Er fiel jedoch im I. Weltkrieg, so daß die Mühle 1919 an Marikus Antoni Hemmen weiterveräußert wurde. Während Hemmen 1954 verstarb, lebt die Witwe als inzwischen über 97jährige noch in Stapelmoor. Im Jahr 1951 erwarb Beene Reemt Wichers die Mühle, dessen Sohn Heinz Beene Wichers sie mit Hilfe öffentlicher Mittel und privater Spenden restaurieren ließ.

Die Mühle soll aus vorreformatorischer Zeit stammen. 1560 wird „Berend, de olde Müller“ genannt. Selbst 1754 war sie noch eine Privatmühle. Die alte Bockwindmühle war 1699 Tatort eines heimtückischen Überfalls durch eine zehnköpfige Räuberbande, die 1700 gefaßt und hingerichtet wurde. Wybe Hinrichs baute 1764 eine kleine Holländermühle, die am 1. 7. 1842 durch Blitzstrahl eingeäschert wurde. Nun bauten E. H. Müller und H. W. Wübbena 1842/43 eine Galerieholländermühle. 1919 ging die Mühle von der Familie Wübbena in das Eigentum des Müllers Krefting über, dessen Sohn Harm-Haben 1960 den Betrieb übernahm. Ab 1975 Restaurierung (1976 Umlauf, 1977 Dach). Großes Unglück passierte 1980, als der Mühlenbesitzer beim Abschmieren mit der Kleidung in das Räderwerk geriet und tödlich verletzt wurde. Heimatverein, Gemeinde und Familie führten dennoch die Restaurierung durch, so daß 1985 eine neue Kappe angebracht werden konnte, die die Mühle weiterhin funktionsfähig erhielt. Es bestand immer ein direkter Zugang zur Ems über den Mühlenschloot, so daß Schiffe für die Getreideanfuhr bzw. den Abtransport eingesetzt werden konnten.

Rhauderfehn – Hahnentange

Am 19. April 1769 erteilte Friedrich der Große die Urkunde zur Besiedlung und Ausbeutung der südlich von Leer gelegenen Moorgegend, zu der auch Westrhauderfehn gehört. Ein Sandhügel nahe der ersten Südwieke heißt Hahnentange. Dort steht die Windmühle, über die eine Schülerin – damals hieß sie Inge Haase – 1962 für die Realschule eine ausgezeichnete Jahresarbeit schrieb. Als 1864/65 der Müller Heinrich Eilers aus Hinte die Mühle errichten ließ, waren die wirtschaftlichen Voraussetzungen der armen Siedler, die nur ein paar Schweine und Hühner hielten, noch ungünstig. Es gab auch bald Schwierigkeiten, und Eilers verpachtete den Betrieb an einen Müller Voß, dem es nicht besser erging. Während Eilers die Mühle wieder übernahm und weiter verwaltete, wurde sein Schwager Cassens Eigentümer. In 1885 Brand der Mühle durch Blitzschlag, anschließend Neubau. 1893 erwarb der Kapitän und Schiffseigner Johann Heynen den Betrieb. Ihm folgte Johann Friedrich Heynen. Die Mühle wurde mehrmals verpachtet, ab 1936 an Karl Haase, der sie 1938 käuflich erwarb. Seine Tochter berichtete in dem genannten Aufsatz über den schweren Start ihres Vaters, die Bewirtschaftung im Kriege und die Veränderungen danach. Immer wieder Schäden (1943 Blitzschlag, 1957 brach der Umlauf). Eigentumswechsel: 1975 auf Rolf Dierksen-Müller, dann auf den Niederländer Frans van Balkum (Trainer Fußballclub Hong Kong). In der Mühle ist ein Architektenbüro eingerichtet.

In Völlen gab es bereits vor 1600 eine Bockwindmühle, die im Verzeichnis von 1754 noch als private Roggenmühle geführt wurde. Völlenerfehn wurde schon recht früh besiedelt, so daß sich bereits im Jahre 1766 ein Evert Eppen aus Weener darum bewarb, „zu behuff" (zum Nutzen) der Kolonisten Gerste und Roggen mahlen zu dürfen. Bei den damaligen Wegeverhältnissen waren solche Anträge aus Siedlerorten nicht selten. Natürlich wandte sich der Müller der Völlener Mühle, Gerd Dirks, gegen diese Absicht, so daß das Gesuch zunächst abgelehnt wurde. Dann brachte aber die französische Besatzungszeit zwischen 1810 und 1813 vorübergehend eine Gewerbefreiheit, die Lütjen Berends Schöningh nutzte, um eine Konzession zum Bau einer Mühle auf dem Völlenerfehn zu erhalten. Auch wenn sich der Müller Dirk Gerdes zu Steenfelderfeld gegen den Bau beschwerte, so wurde dieser doch 1814 vollzogen. Folgende Müller sind bekannt: Weyert Rabenberg (1826), Jacob Duis (1830), dann wieder Rabenberg (1835). (Nach Saathoff soll 1851 ein neuer Holländer gebaut worden sein.) Ende des 19. Jh. Rudolf Löning, der sie später an Ulrich Steen veräußerte, von dem sie auf Müller Schwitters überging. Nach dem II. Weltkrieg befand sich die Mühle in einem schlechten Zustand, fand aber glücklicherweise in Bernhard Goldenstein einen neuen Interessenten, der sie 1954 erwarb. 1958 wurde eine Entwässerungswindmühle aus dem Riepster Hammrich auf die Spitze des Mühlendaches, wo gewöhnlich die Kappe beginnt, gesetzt. Die Galerie wurde nun in diese Höhe versetzt und der Erdwall um die Mühle abgetragen. 1979 schrieb der „Generalanzeiger" zutreffend von einem „Bastard" unter den Mühlen, der „mangels Reinrassigkeit nicht auf der Liste der erhaltungswürdigen Mühlen aufgeführt" sei. Seit 1965 war die Raiffeisenbank Flachsmeer Eigentümerin. 1979 fand der Galerieholländer in dem Arzt Roderich Gramberg einen Liebhaber, der das unbedingt erhaltungswürdige Kuriosum unter den Mühlen erneuerte.

Im Tragbalken, der die Abmessungen 60/60 cm hat, ist die Jahreszahl 1702 eingestemmt. Dies ist das Jahr, in dem die Bockwindmühle in Niederlangen bei Lathen an der Ems erbaut wurde und dort bis in das Jahr 1954 gearbeitet hat. Im Jahre 1962 wurde sie von der Stadt Papenburg angekauft, um sie als Ersatz für die kriegszerstörte Mühle unter der fachkundigen Leitung von Hermann Wagner, einem gebürtigen Papenburger, jetzt in Norden auf der Deichmühle, wieder aufzubauen. Im Jahre 1965 war die Bockwindmühle mit einem Mahlgang in Papenburg wieder betriebsfertig. Der offene Sockel ist auf vier klinkergemauerte Pfeiler gesetzt, die Vorderseite des Kastens sowie das Dach sind mit Holzschindeln verkleidet. Die drei anderen Seiten haben eine senkrechte Holzverbretterung erhalten. Eine Wetterfahne mit der Inschrift H.V.V. 1965 und einem treidelnden Torfschiffer schmückt das Dach. Die vier Segelflügel drehen sich wie bei der Bockwindmühle im Freilichtmuseum in Münster (erbaut 1748 in Oberlangen bei Lathen an der Ems) und der Mühle im Freilichtmuseum in Bielefeld (erbaut 1686 in Lübbecke/Westfalen) im Uhrzeigersinn, im Gegensatz zu allen anderen Mühlen. Diese Eigenart findet sich bei mehreren Bockwindmühlen in Niedersachsen und hängt mit der Drehung der Mahlsteine zusammen.
Die kleine Anhöhe, auf der die Mühle errichtet wurde, ist umrandet mit Wohnhäusern im typisch ostfriesischen Stil.

Im Landkreis Emsland in der Gemeinde Wippingen an der Schulstraße ist im Jahre 1870 innerhalb des Dorfgebietes der Bergholländer mit Durchfahrt als Gemeindemühle erbaut worden. Diese Mühle ging dann in den Besitz des Pächters Heinrich Schulte über und wird heute als technisches Baudenkmal von der Gemeinde betreut.
Im Jahre 1980 wurde das fast zur Ruine verfallene Bauwerk mit einem erheblichen Kostenaufwand, mit sehr viel Sachkenntnis und Liebe zum Detail unter der Beratung des Institutes für Denkmalpflege Weser-Ems wieder hergerichtet. Der auf einer künstlichen Erdaufschüttung weithin sichtbare Bergholländer mit Steert und Segelflügeln ist im eingeschossigen Unterbau mit Rotzederschindeln, einer kanadischen Holzart, verschindelt, ebenso sind es der Achtkant und die flache Kappe. Diese Red-Cedar-Schindeln stellen sich nach 7jähriger Bewitterungszeit als ein richtig gewähltes Material dar. Die Mühlenkappe dreht sich auf einem Schleifkranz, die aus Pitchpine neu gebaute Flügelwelle hat einen gußeisernen Flügelkopf erhalten, ein Sackaufzug ist betriebsfertig installiert. Die Windmühle steht nun schon seit acht Jahren zum Betrieb bereit, leider nur zur Ansicht!

Im Landkreis Meppen waren am Unterlauf der Nordradde bereits im Jahr 946 (Osnabrücker Urk.-Buch I, Nr. 89) Wassermühlen vorhanden. Die Hüvener Mühle wurde 1950 wegen Baufälligkeit stillgelegt und ist seitdem Baudenkmal. So berichtet Hermann Röttgers.
Am 21. 8. 1850 wurde die Baugenehmigung für die Aufstockung der Hüvener Windmühle auf der bestehenden Wassermühle durch die Königlich-Hannoversche Landdrostei in Osnabrück erteilt. Im Dezember 1850 begann der Mühlenbauer Dierkes den Bau, der im Oktober 1851 mit dem Richten der Mühle beendet wurde. Dierkes beschäftigte während der Bauzeit 11 Leute an insgesamt 721 1/3 Arbeitstagen. Die Mühle hatte zwei Mahlgänge und einen Peldegang. Ab 1890 pachtete Lukas Riedemann die Mühle, nach dessen Tod sein Sohn Heinrich bis in das Jahr 1950. Der Kreisheimatverein Aschendorf-Hümmling erwarb 1955 die Ruine von der Familie Pfeiffer-Schlagge. Mühlenbaumeister Mönck aus Ostgroßefehn begann am 7. 5. 1956 mit der Restaurierung, die im August 1957 abgeschlossen wurde. Die Gesamtkosten beliefen sich auf 71 565,95 DM. Am 30. 9. 1957 wurde die Hüvener Mühle im Rahmen eines Kreisheimattages feierlich eingeweiht.

In dem ältesten Register des Amtes in Meppen aus dem Jahre 1531 ist der „Erffkotter tho Hüven de Moller" – als Erffkötter bezeichnet man eine von einem Erbe (Bauerngut) abgebaute Stelle, die vom Stammhof getrennt wurde – erstmals schriftlich nachgewiesen. Im Jahr 1798 zahlten an den Richter auf dem Hümmling: der Müller zu Hüven drei Scheffel Roggen à 16 Kannen, der Müller zu Brünefort und der Müller zu Börger je einen Widder. Das Gehalt des Richters bestand damals aus Geld, Naturalien, Vieh und Dienstleistungen. Die Hüvener Wassermühle wurde im Jahre 1801 durch Feuer zerstört, aber sofort wieder aufgebaut, im unteren Teil, wie auf dem Bild sichtbar, aus Fachwerk ohne Querriegel, eine Art in der Konstruktion, die für Südengland und die Normandie typisch ist. In dem Spruchbalken im Giebel und über der Tür wurde, für jeden Besucher auch heute noch lesbar, eingeschnitzt: „Wenn der Herr Diese Mühle nicht gebaut, So ist alles umsonst + Die Darinnen Bauen + Johann Gert Müller und Anna Burken, Eheleute, Anno 1802 Den 21. Juni." Diese Inschrift geht auf Psalm 127.1 zurück. Im Türsturz steht: „Wer anklofet der wirt aufgethan". (Luk. 11,5–13). Darüber steht der Name des Mühlenbauers: Meister Steffen Dierkes.

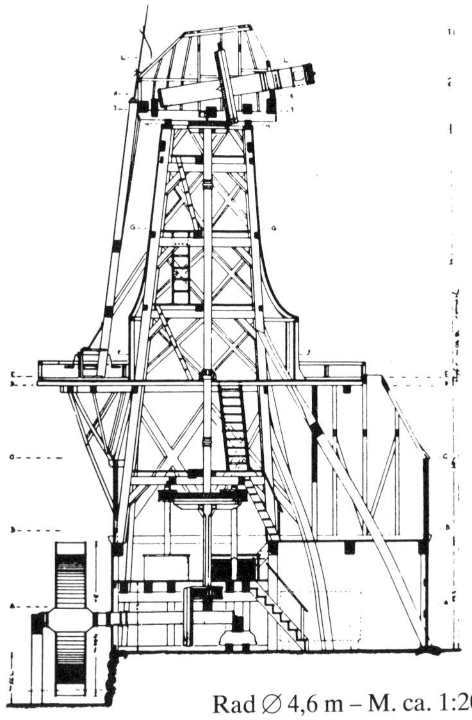

Rad ∅ 4,6 m – M. ca. 1:200

Anzeigen.

Mühlenverpachtung.

Die Vormünder des minderjährigen Aug. Müller zu Hüvener Mühle werden am

Mittwoch, den 3. Februar d. J.

folgende ihrem Pflegebefohlenen gehörenden

Immobilien

als:

1) die Hüvener

Wind- u. Wassermühle

aus 2 Mahlgängen, einem Pellgange, Oel- und Walkenmühle bestehend;

2) ein Wohnhaus, welches jetzt von dem Müller Behnen bewohnt und in welchem seit vielen Jahren Gast- und Schenkwirthschaft betrieben und mit 13 Vierup Saats Ackerland und 8 Vierup Saats Wiesengrund

durch unterzeichneten Notar öffentlich auf mehrere Jahre verpachten lassen.

Pachtgeneigte wollen sich demnach in dem dazu auf Mittwoch, den 3. Februar d. J.

Morgens 10 Uhr

anstehenden Termine in dem zu verpachtenden Hause zu Hüvener Mühle einfinden.

Sögel, den 4. Januar 1875.

Riemann,
Notar.

Aus Hermann Röttgers Sonderdruck über die Hüvener Mühle sind die Querschnittzeichnung und die Anzeige über die Verpachtung vom 4. Januar 1875 entnommen. Aus der Anzeige wird ersichtlich, daß die Mühle auch einen Ölschlag, d. h. einen Kollergang zum Zerquetschen ölhaltigen Samens (Raps-, Lein-, Hanf- und Mohnsaat oder Bucheckern) hatte. Zugleich wird sie auch als „Walkenmühle" annonciert. Unter Walken versteht man das Stampfen des gewebten Tuches und Filzes. In der Zeichnung im ungefähren Maßstab ist deutlich dargestellt, wie die technischen Voraussetzungen für diese Mühlenkombination angelegt waren. Der König-Antriebsteil der Mahlwerke, irrtümlich oft als „Königswelle" bezeichnet, geht in ganzer Höhe durch das Gebäude und ist kurz vor dem unteren Antriebsrad durch eine einfache Kupplungs-Manschette unterbrochen. Bei Wasserantrieb wurde die Kupplung geöffnet, bei gleichzeitigem Wind-Wasser-Antrieb geschlossen und bei Windbetrieb der untere Bunkler vom Wasserradantrieb abgezogen.
Unserem Fotografen demonstrierte der Betreuer der Hüvener Mühle, daß sie betriebsfähig ist und auch heute noch der Sackaufzug funktioniert.

Herr Dipl.-Ing. Anton Ubbenjans, ein gebürtiger Börgeraner, Jahrgang 1916, hat sich mit seiner Frau einen Traum wahr gemacht und im Jahre 1959 den am Mühlenberg in Börger gelegenen Erdholländer mit Steert und Segelflügeln von Müller Bögemann erworben. Dem unter Denkmalschutz stehenden Bauwerk wurde 1823 als Müllersmühle oder Ostermühle durch die Königliche Landdrostei zu Osnabrück die Mahlkonzession erteilt und allen Bürgern zur Kenntnis gegeben. 1838 erfolgte diese Mahlgenehmigung für die Müller Müller und Korten. Als letzter Müller hat Bögemann 1958 mit einer Stillegungsprämie die Mühle außer Betrieb gesetzt, nachdem schon 1947 der Windbetrieb eingestellt worden war.

Von 1959 bis 1969 hat Herr Ubbenjans die Wohnmühle hergerichtet. Ein Erdgeschoß wurde aus Verblendern gemauert, 2 m tief neu gegründet, da der Mühlenunterbau früher nur mit drei Schichten im Sand erstellt wurde. Die gußeiserne Flügelwelle trägt die 10 m langen Pitchpineflügel, die der Zimmermann Gößling aus Börger nach einem Reststück fertigte. Der Achtkant ist mit Bitumenschindeln und die Kappe mit einer Alupappe eingedeckt. Die vier Flügel sind wegen der Höhenlage mit einem Blitzableiter geerdet. Der Fußboden des Erdholländers liegt 60 m über NN, und von der Kappe, die auf insgesamt 36 Holzrollen drehbar ist, kann man den 16 km weit entfernten Erdholländer im oldenburgischen Gehlenberg erkennen.

Am Ortsrand der Gemeinde Hilter im Landkreis Emsland steht ein Erdholländer mit Steert und Segelflügeln. An der Vorderseite ist unterhalb des Windpöhls (als Schutz für die Wind und Wetter hier immer besonders ausgesetzte Kappenunterseite) ein je nach Geschmack des Müllers oder des Mühlenbauers unterschiedlich stark verziertes Brett angebracht, auf dem das Erbauungsjahr 1818 plastisch erkennbar ist. In Anlehnung an den Talar des Geistlichen wird es Bart, Beff, Beffk, Beffke, Rosenbrett, Verzierung oder Vörhemd genannt. Oftmals ist in dieses Brett der Name der Mühle oder ein Bibelspruch eingeschnitzt und farbig ausgelegt, manchmal auch der Name des Müllers. Der eingeschossige Unterbau ist aus Verblendsteinen ohne Lisenen aufgemauert, der Achtkant und die Kappe haben eine Bekleidung aus Holzschindeln. Die aus Holz gefertigten Segelflügel sind in einem gußeisernen Wellenkopf verkeilt. Die Windmühle steht unter Denkmalschutz und war stets in Privatbesitz. Als Müller werden Hermann und Heinrich Dürken genannt. Bis 1911 war die Mühle an den Müller Anneken verpachtet. Im Jahre 1964 wurde der Erdholländer mit öffentlichen und privaten Beihilfen wieder instand gesetzt und ist – gepachtet vom Heimatverein Aschendorf-Hümmling – heute Anziehungspunkt für Besucher.

Ein wahrhaft jämmerliches Bild bietet die Tunxdorfer Mühle zur Zeit – noch. Bald soll sie sich wieder im alten Glanz zeigen. So lautet die neueste Nachricht. Der von vielen Seiten gemachte Vorschlag, einen Mühlenverein zu gründen, ist Anfang 1988 nun in die Tat umgesetzt worden. Hauptziel des neuen Vereins, der sich Heimat- und Mühlenverein nennt, ist die Erhaltung der Tunxdorfer Mühle, die vor 45 Jahren stillgelegt wurde und seither dem Verfall preisgegeben ist.
Diese Kappenwindmühle, im Besitz der Witwe Hagemann, Vorbesitzer war der Müller Mölder, ist im Jahre 1885 mitten auf dem Nenndorfer Wehrdeich an Stelle einer älteren erbaut worden. Sie ist eine massive, aus Backsteinen konisch gemauerte, verputzte Mühle mit ausgeprägten Lisenen und stark profiliertem Gesimse.
Zwei Mahlgänge (Schrotgang und ein Gang für Feinmehl) und ein Pellgang zum Schälen von Graupen standen dem Müller zur Verfügung. Das Mahlwerk und das Antriebswerk sind vollständig erhalten, jedoch seit einiger Zeit dem Regen ausgesetzt, da die einstmals mit Zinkblech verkleidete Kappe im Laufe der Jahre auseinanderfiel.
Erste Bemühungen, die Mühle zu erhalten, wurden bereits im April 1982 durch den Aschendorfer Heimat- und Bürgerverein in Gang gesetzt. Niedersachsens Wissenschaftsminister Johann-Tönjes Cassens und Justizminister Walter Remmers besichtigten daraufhin am 3. 9. 1982 anläßlich eines Aufenthaltes in Papenburg und Aschendorf auch den Mühlenstumpf in Tunxdorf, wobei Cassens vorschlug, einen Mühlenverein zu gründen. Der Heimat- und Mühlenverein sieht nun seine Aufgabe darin, gemeinsam mit der Stadt Papenburg, die die Trägerschaft für die Mühle übernehmen will, ein Finanzierungskonzept zu erarbeiten und Vorschläge für eine spätere Nutzung zu machen.

Im Landkreis Emsland, Samtgemeinde Dörpen, im Ortsteil Dersum steht der Rest eines massiven Galerieholländers. Einen „viergeschossigen birnenförmigen Turm" nennt ihn Wilhelm Kleeberg in seiner „Niedersächsischen Mühlengeschichte". Dieser Turm ist aus Verblendsteinen gemauert, starke Lisenen betonen die Ecken, ein Zeltdach mit schwarzer Pappe deckt den Turm ab. Durch H. H. Focken wurde diese Mühle 1878 erbaut. Sie diente als Ersatz für eine abgebrannte Bockwindmühle, die sich im Besitz des Müllers Behrens befunden hatte und an dieser Stelle stand.
Im Jahre 1923 wurde durch die Familie Terfehr, Herrn Hermann Terfehr, der Galerieholländer erworben, dem der Sohn Lambert Terfehr und der Enkel Hermann Terfehr folgten. Im Mühlenturm wurde im Erdgeschoß mit Motorkraft gearbeitet. Ein Sägewerk war mit der Anlage verbunden. Die abgängigen Flügel, die im Holz sehr gut erhalten waren, sind in den schlechten Nachkriegsjahren für einen Anbau verarbeitet worden.
Im Jahre 1966 wurde in den Geschossen des Turmes erst ein Büro und später dann eine komplette Wohnung eingerichtet. Der Heimatverein Lathen hat das angeschlossene Sägewerk erworben und will es als Museum wieder aufbauen. Die Besitzer der Lambert Terfehr OHG, Landhandel in Dersum, Otto und Sophie Terfehr, sahen sich wegen der hohen Unterhaltungskosten nicht mehr in der Lage, den Mühlenturm weiter zu bewohnen und haben ihn im Jahre 1988 an einen Niederländer verkauft. Er will die vorhandenen Räume als Ferienwohnungen nutzen.

Kurz vor der Grenze zum Oldenburgischen im Landkreis Emsland – Samtgemeinde Herzlake – in Aselage steht innerhalb einer großen Hotelanlage ein Erdholländer mit Steert und Segelflügeln.
Von ihren Besitzern Karl-Heinz Klose und seiner Ehefrau Annelene wird dieses denkmalgeschützte Bauwerk fachkundig unterhalten und zu Werbezwecken ihres Hotel-Restaurants „Zur Alten Mühle" benutzt.
Der eingeschossige Unterbau, aus gelben Verblendern gemauert, ist auf einen Wall gesetzt. Der Achtkant und die Kappe sind mit Reith eingedeckt. Wie in alten Chroniken nachzulesen ist, wurde um 1860 von einem Mühlenbauer aus Leer dieser Erdholländer als Gutsmühle zu Aselage erbaut. Wilhelm Kleeberg erwähnt in seiner „Niedersächsischen Mühlengeschichte" diesen Bau im Ortsteil Westrum. Der letzte Müller, Alfons Sanders (Jahrgang 1925), hat mit seinem Vater Bernhard Sanders bis in das Jahr 1950 den Betrieb der Mühle mit zwei Kornmahlwerken aufrechterhalten. Eine Schwarzbrotbäckerei war angeschlossen. Im Jahre 1941 wurde nach einem Sturmschaden der Windbetrieb eingestellt, mit E-Motoren gemahlen und 1950 die Mühle stillgelegt. Herr Alfons Sanders transportierte noch 1942 mit Pferd und Wagen letzte Flügelteile zum benachbarten Erdholländer in Huckelriede.
Im Jahre 1977 erfolgte vom neuen Besitzer eine grundlegende Restaurierung, um das äußere Erscheinungsbild einer Mühle wieder zu erreichen. Der gußeiserne Wellenkopf berichtet noch von dieser Maßnahme. Zu lesen ist: „1909 A. B." (Anton Busch baute den Flügelkopf ein) und „1977 K. H. K." (Karl Heinz Kose restaurierte). Die neuen Segelflügel sind aus Holz gebaut, mit Stahlträgern verstärkt und können sich leider infolge des umgebenden hohen Baumbewuchses nicht vom Winde drehen. Die Inneneinrichtung ist nicht mehr vorhanden.

Im Jahre 1960 haben die Stadt Meppen und der Meppener Schützenverein aus dem oldenburgischen Kranenkamp bei Varel/Bockhorn diesen Erdholländer mit Windrose und Segelflügeln erworben. Als ein Wahrzeichen für die Mühlengeschichte der Stadt richteten sie dieses unter Denkmalschutz stehende Bauwerk am Hafen der Ems wieder auf. Wie man sieht, wandern Mühlen. An dieser markanten Stelle stand früher schon eine Windmühle, wie Wilhelm Kleeberg in seiner „Niedersächsischen Windmühlengeschichte" zu berichten weiß. Sie stammte aus dem 17. Jahrhundert, der Besitzer war ein Landwirt und Kaufmann, der sie im Jahre 1769 einem Müller Bruns übertrug und die dann verfiel. Ein in der Stadt Meppen aufbewahrtes Aquarell des Malers Alpers aus dem Jahre 1874 zeigt noch die Holländermühle bei der Emsbrücke.

Für diesen Mühlentyp gibt es unterschiedliche Bezeichnungen: Bergholländer oder Erdholländer mit Durchfahrt. Auf einem künstlich angeschütteten Hügel kann man bessere Windverhältnisse erreichen.

Der achteckige Unterbau und die Durchfahrt sind aus Verblendsteinen gemauert. Der Achtkant ist zu einem späteren Zeitpunkt mit Holzschindeln verkleidet worden. Die für das norddeutsche Tiefland typische Windrose basiert auf einem Patent des Engländers Edmund Lee aus dem Jahre 1745, fand in vielen Ländern – selbst bei Bockwindmühlen – Anklang, wurde dagegen in den Niederlanden kaum angewendet.

Im Landkreis Emsland, in der Stadt Meppen, ist im Ortsteil Landegge am 6. Juni 1980 mit einer großen Feier der Bergholländer mit Steert und Segelflügeln eingeweiht worden. Mit einer vorbildlich gestalteten Festschrift des Heimat- und Verkehrsvereines Haren/Ems und Umgebung e. V. wurde die Einweihung begleitet. Es wird sehr ausführlich über die Rettung und Wiederherstellung der „Mersmühle" Haren berichtet, deren geschichtliche Entwicklung sich bis vor das Jahr 1736 zurückverfolgen läßt. Auch der geschichtliche Abriß aller Wind- und Wassermühlen auf dem Gebiet der Stadt Haren ist Thema.

Von der Vorgängerin, einer Bockwindmühle, sind noch vor einigen Jahren Kreuzschwellbalken gefunden worden. Der heutige Bergholländer mit seiner Einfahrt und dem künstlich aufgeschütteten Hügel ist etwa 40 m nördlich von der Bockwindmühle zwischen 1825 und 1830 erbaut worden. Dieses läßt sich aus Verträgen und Bekanntmachungen belegen, so unter dem 27. Dezember 1825 der Königlichen Großbrittanischen Landdrostei zu Osnabrück. Es liegt eine umfangreiche Begründung der Landdrostei vom 30. Juni 1830 vor, mit der alle Einsprüche gegen die Erweiterung der Mühle abgelehnt wurden. Am 20. Dezember 1974 liefen erste Ge-

spräche, angeregt durch einen Bayern aus Anried, Herrn Rainer A. Krewerth, in denen sich der Eigentümer, Herr Gutsbesitzer Reinking, mit mehreren kompetenten Herren über die Restaurierung Gedanken machte. Der Mühlenbaumeister Heinrich Bernhard Alfons Goldenstein, geb. 1909 in Südgeorgsfehn, und die „Vereinigung zur Erhaltung von Wind- und Wassermühlen in Niedersachsen e. V." haben durch Gutachten und Kostenvoranschläge am 7. 11. 1975 festgestellt, daß die Mühle als technisches Baudenkmal zu retten sein würde. Im Jahr 1976 kaufte die Stadt das Anwesen.
Ein Mühlenkeller von 7,7 m Durchmesser wurde wieder eingerichtet, der achteckige Sockel aus Verblendsteinen gemauert sowie Achtkant und Kappe fachmännisch durch die Firma Mescher & Sohn aus Ankum mit Rotzeder-Schindeln verkleidet. Das Flügelkreuz von 21 m Spannweite, der Windpöhl, die Bremse und Teile der Inneneinrichtung wurden durch den Mühlenbaumeister erneuert. Zahlreiche Firmen, freiwillige Helfer und Mitarbeiter des städtischen Werkhofes setzten sich trotz vieler kritischer Stimmen für die Wiederherstellung ein. Rund 200 000,– DM wurden verbaut, und heute stellt sich der in niederländischer Art farblich gestaltete Bergholländer bei Vorführungen des laufenden Mahlwerkes im Rahmen des Fremdenverkehrs dem Besucher als funktionsfähige echte Attraktion vor. Die Einrichtung eines Mühlenmuseums unter dem Motto „Säen – Ernten – Backen" läuft.

Die Deutsche Bundespost hilft bei der Öffentlichkeitsarbeit um Windmühlen mit. Ein Poststempel vom 16. März 1978 zeigt die Uelsener Turmwindmühle.

Im Landkreis Grafschaft Bentheim steht am Ortsrand von Uelsen auf einer Anhöhe ein mass. Erdholländer mit Steert und Segelflügeln. Wie auf den Bildern erkennbar, befindet sich das denkmalgeschützte Bauwerk inmitten hoher Bäume neben dem Friedhof und dem Gefallenen-Ehrenmal, so daß es schwerfällt, die Segelflügel mit Wind anzutreiben. Eine Mühleneinrichtung in Form von Mahlwerken ist nicht mehr vorhanden. Vor 1780 – so kann man in den Bentheimer Akten nachlesen – wird ein Müller B. Schulte als Pächter genannt. 1806 wird der Müller Caspar Henrich Köring erwähnt. Er starb früh, denn schon 1813 ist die Witwe Pächterin. Es folgt 1826 der Sohn Bernhard Köring, aber schon kurze Zeit später bittet die Witwe Köring die Fürstliche Domänenkammer, man möge ihr die Pacht erlassen. Es folgte der Müller Jan Strick und 1836 der Pächter W. Meyer, der 1837 starb. 1865 pachten die Witwe Meyer, 1879 der Müller Hilgemann, 1886 der Müller Reurik zu Hardingen und 1925 J. A. Leferink, wie W. Kleeberg zu berichten weiß.

Der dreigeschossige, im Grundriß rund angelegte konische Turm wurde wahrscheinlich vor 1780 aus großen, schön behauenen Bentheimer Sandsteinblöcken erbaut und über der Eingangstür mit dem fürstlichen Wappen geschmückt. Dieser Erdholländer in Uelsen hat mit dem Galerieholländer in Veldhausen eine so große

Ähnlichkeit, daß man vermuten kann, daß hier die gleichen Baumeister am Werke waren. Dieses wird dargestellt durch die Wappen und die Führung des Steertes am Sandsteinturm, eine seltene Konstruktion, die im Laufe der Jahre tiefe Schleifspuren hinterlassen hat. Die Gemeinde hat, beginnend 1956, mit großem finanziellen Aufwand dieses technische Baudenkmal, daß in seiner Grundkonzeption den Königsmühlen an der Westfälischen Mühlenstraße (Landkreis Minden-Lübbecke) ähnelt, wieder herrichten lassen. Es wurden das Sandsteinmauerwerk gereinigt und gefugt sowie der Steert und die Kappe mit den Segelflügeln (im gußeisernen Wellenkopf) instandgesetzt.
Dem Besucher stellt sich im äußeren Erscheinungsbild eine intakte Windmühle dar.

Die Abbildung rechts zeigt das fürstliche Wappen über dem Mühlentor.

Unten: Der massive Erdholländer in der Landschaft.

Im Landkreis Nordhorn, am nördlichen Ortsrand von Georgsdorf, wurde seit 1983 im Rahmen eines Dorferneuerungsprogrammes ein technisches Baudenkmal hervorragend restauriert. Der Heimatvereinsvorsitzende der Grafschaft Bentheim, Herr Dr. Voort, hat in seinem Buch „Mühlengeschichte der Grafschaft Bentheim“ diese Arbeiten beschrieben und gewürdigt.

Wie Jan Smoor aus Alte Picardie berichtet, schlossen sich im Jahre 1875 zwölf Landwirte aus Georgsdorf zusammen. Die „Möllenburen“ waren bestrebt, eine Windmühle zu bauen. Von einem Bauern, dem Kolon Kösters, erwarben sie ein Grundstück und bauten den Galerieholländer mit Steert und Segelflügeln in kreisrundem Grundriß massiv aus Ziegelsteinen. Eine große Steinplatte über dem Mühlentor zeigt das Jahr 1875. Müllermeister Gerd Hindrik Geertzen kaufte im Jahre 1903 die Mühle. Sein Sohn Gerd folgte ihm. Um das Jahr 1930 ging der Betrieb zurück, weil der elektrische Strom seinen Einzug hielt. 1956 starb der Müller Gerd Geertzen, sein Sohn Helmut stellte den Windmühlenbetrieb 1963 ein. Die Mühle verfiel.

Am 1. September 1987 konnte die Mühle nach der Renovierung wieder in Betrieb genommen werden. Hobbymüller mahlen Buchweizen und Korn.

Zum Gut Laar in der westniedersächsischen Grenzgemeinde Grafschaft Bentheim gehört eine aus Sandsteinen konisch gemauerte viergeschossige Galeriewindmühle mit Steert und Segelflügeln, die nach den Akten im Jahre 1807 als „steinerne Windmühle" am Deich der Vechte erbaut worden ist. Es wird vermutet, daß sich vorher an diesem Platz eine Bockwindmühle befunden haben muß. Die Mühle wird als herrschaftliche Korn- und Peldemühle bezeichnet und wurde im Jahre 1914 stillgelegt. Das Inventar wurde an den Hoogsteder Müller namens Müller verkauft. Im Jahre 1981 wurde im Rahmen der Dorferneuerung mit einem Kostenaufwand von rund 250 000,– DM die Ruine als baudenkmalpflegerische Maßnahme instand gesetzt. Das Bauunternehmen Hübers aus Laar sorgte für eine sachgemäße Instandsetzung des Sandsteinturmes. Der Mühlenbaumeister Gerhard Hülskens aus Dingden/Hamminkeln fertigte die anderen Bauteile und auch die stählerne Welle, die die 10 m langen Flügel aufnimmt. Die sieben Tonnen schwere Kappe wurde mit einem Spezialkran auf den Turm gehoben und mit Reet durch einen Dachdeckermeister aus Dalen bei Coeverden eingedeckt.

Die konische Turmwindmühle (auch massiver Holländer genannt) , die sich im Eigentum der Gemeinde Laar befindet und von dieser auch unterhalten wird, hat leider keine Mahlwerke mehr und wird jetzt für die Jugendarbeit und Sonderveranstaltungen genutzt.

Bei Bad Bentheim im Ortsteil Gildehaus, Am Mühlenberg 4, steht ein Erdholländer mit Steert und Segelflügeln, der im Jahre 1750 als fürstlich Bentheimische Mühle auf kreisrundem Grundriß errichtet wurde. Besitzerin war die Witwe van Delden in Gronau, bis der Landkreis Grafschaft Bentheim dieses technische Baudenkmal erwarb und es in den Jahren 1985 bis 1986 mit einem Baukostenaufwand von 320 000,– DM vorbildlich restaurierte. Ein großes aus Sandstein gefertigtes Wappen über der Mühleneinfahrtstür zeigt dem Betrachter die fürstliche Mühle. Der 3geschossige Turm aus großen Bentheimer Sandsteinen wurde wieder hergerichtet. Die Kappe kann wieder mit dem Steert in den Wind gestellt werden, und die 1,8 t schweren Mühlenflügel wurden vom niederländischen Mühlenbaumeister Bernhard Wintels aus Denekamp neu aus Stahl gefertigt, die Heckstöcke aus Pitchpine. Die Flügelrute ist aus einem Stück gebaut, so daß ein sehr hoher Kran benötigt wurde, um in den gußeisernen Wellenkopf die Ruten einzufädeln. Die Mühlsteine wurden mit Hammer und Meißel geschärft, eine Arbeit, die früher schon bei den Müllern nicht sehr beliebt war. Dieses beweist der alte Spruch: „Das Müllerleben hat Gott gegeben – das Steineschärfen und das Mahlen bei Nacht, das hat der Teufel erdacht."

Fünf Mitglieder des Verkehrs- und Verschönerungsvereins sind in die Niederlande nach Denekamp gefahren, um die Kunst des Mahlens in einer historischen Mühle zu lernen. Sie wurden nicht nur mit der eigentlichen Arbeit des Müllers, sondern auch mit der Technik und der Wetterkunde vertraut gemacht. Die „Lehre" dauerte eineinhalb Jahre.

So hat der Bentheimer Ortsteil Gildehaus nicht nur eine funktionsfähige historische Mühle, sondern auch fünf Müller, die sie bedienen können. Eine nachahmenswerte Tat.

Mit einem großen Mühlenfest wurde die Inbetriebnahme gefeiert und – wie in alter Zeit – Korn zu Mehl gemahlen.

Im Landkreis Osnabrück, in der Samtgemeinde Aselage, steht an der Landstraße, weithin sichtbar (auch wegen der auffälligen Farbgebung), der unter Denkmalschutz befindliche Galerieholländer mit Windrose, Segelflügeln und Müllerhaus.
Ursprünglich entstand im Jahre 1809 in der Ortschaft Hahlen – nach Ablehnung des Baues durch die Bewohner Andorfs – dieser Galerieholländer mit dem Namen „Bauernmühle“ (oder Burmöhle) als Korn- und Graupenmühle mit drei Mahlgängen. Die Mühle wurde auch als die Rüwener Mühle bezeichnet. 1877 wurde sie in Hahlen erworben und in Groß Mimmelage (auf genossenschaftlicher Grundlage) mit angegliedertem Sägewerk wieder aufgebaut. Noch heute sind zwei Mahlgänge und ein Schrotgang vorhanden. Wie auf einem Schlußstein über der Mühleneingangstür zu lesen ist, kam das Anwesen 1877 in den Besitz des Müllers H. Kramer, wechselte 1896 an Hermann Oldentange und ging im Jahre 1919 durch Einheirat an den Müller E. Fr. Schnitker über.
Im Jahre 1972 fiel der gesamte Galerieholländer einem Sturm zum Opfer.
Mit erheblichen öffentlichen Mitteln und durch die tatkräftige Hilfe des Kreisheimatbundes Bersenbrück wurde in den Jahren 1972 bis 1974 alles in alter Form wieder hergestellt. Dabei ist der achteckige dreigeschossige Bruchsteinsockel, die waagerechte und senkrechte Verbretterung des Achtkantes mit dem hervortretenden roten Anstrich als Besonderheit dieses Galerieholländers herauszuheben.

Am 7. 10. 1886 stellte Johann Rudolf Pagenstecher beim Landkreis Osnabrück den Antrag auf Genehmigung des Mühlenbaues und einer Wohnung für den Galerieholländer mit Windrose und Jalousieflügeln sowie drei Mahlgängen, je einen für Roggen, Weizen und Graupen. Dieser Plan wurde vom Regierungspräsidenten am 4. 11. 1886 genehmigt, und am 1. 12. 1887, nach einer Bauzeit von nur einem Jahr, wurde die Betriebserlaubnis erteilt. 1919 werden Beschädigungen erwähnt, 1921 war Adolf Telscher Pächter, 1925 Anton Langhorst, 1928 wird die Kappe durch Sturm vom Turm gerissen, 1931 ist Müller Georg Kreuzkamp Pächter, 1970 erfolgt die Stilllegung.

Am 13. 7. 1982 begann man, nachdem die Mühle zum Baudenkmal erklärt war, sie zu restaurieren und zu neuem Leben zu erwecken.

Das Land Niedersachsen, der Landkreis Osnabrück, die Gemeinde Wallenhorst, die örtlichen Kreditinstitute, die Osnabrücker Landschaft, andere Organisationen wie das Arbeitsamt, viele private Spender und nicht zuletzt die Mitglieder des Vereins „Windmühle Lechtingen e. V.“ haben die Aufbaumittel von rd. 360 000,– DM zur Verfügung gestellt, wie die Dokumentation über die Windmühle Lechtingen berichtet.

Die Windmühle funktioniert, die Restaurierungsmaßnahmen sind abgeschlossen. Mit der feierlichen Einweihung haben die „Macher“ die Mühle der Öffentlichkeit übergeben. „Der gute ‚Lechtinger Mühlenschluck‘ gehört dazu“, meint Herr Heinz Rölker vom „Verein Windmühle Lechtingen e. V.“, der ihn dem Mitautor reicht. Denn alle, die sich mit Mühlen beschäftigen, und das sind nicht wenige in Niedersachsen, wissen, daß Wind- und Wassermühlen nur laufen, wenn sie in ihrer staubigen Umgebung häufig „geschmiert“ werden.

Ursprünglich besaß der Galerieholländer Lechtingen drei oder vier Mahlgänge. Bei der Restaurierung wurde aus Kostengründen nur ein Mahlgang wieder eingebaut. Zu ihm gehören das oben im Bild sichtbare Stirn- mit Korbrad, die zwei Mahlsteine innerhalb der Steinkiste, das Mühleisen und die Steinhebevorrichtung.
Die Mahlsteine sind von der Firma Bruns in Telgte gefertigte Kunststeine mit einem Durchmesser von 1,40 m mit weichen Luftfurchen und einer 10 cm breiten Mahlbahn aus Schmirgel. Der Bodenstein hat eine Höhe von 25 cm und der Läuferstein von 35 cm. In die Steine sind jeweils gegenüberliegend je zwei Löcher eingearbeitet, in die der Steinkran eingreifen kann, um die Steine auswechseln oder zum Schärfen herausheben zu können. Durch die sog. Steinriegel, auf denen der Bodenstein ruht, reichen drei Stellschrauben, mit denen der Bodenstein exakt eingestellt ist. Durch das Loch im Bodenstein ragt das Mühleisen, das den Läuferstein auf der im Läufer eingelassenen Dreipunkthaue trägt. In die Haue greift die Klaue der Steinspindel. Unten läuft das Mühleisen in einer Lagerpfanne, die mit Öl gefüllt ist. Der Lagerbalken liegt beweglich in den aufgeschlitzten Pfosten. Das eine Ende hat ein langes Zapfrohr, das durch den Pfosten hindurchragt und mit der Steinhebevorrichtung verbunden ist. Die Steinhebevorrichtung besteht aus zwei Hebeln, die mit Eisenstangen verbunden und so eingestellt sind, daß das an das Ende des oberen Hebels angehängte Gewicht die Vorrichtung im Gleichgewicht hält. Durch Betätigen des Hebels oder Ziehen an dem Seil läßt sich der Läuferstein heben und senken. So wird die Feinheit des Mahlgutes reguliert.
Auf der Steinkiste befindet sich in einem Aufbau der Rüttelschuh mit dem Korntrichter. Der Rüttelschuh wird durch das vierkantig ausgebildete Ende der Steinspindel angestoßen. Das so erzeugte Rütteln (mit dem berühmten „Klappern“) bewirkt, daß das Korn aus dem schräg eingebauten Rüttelschuh langsam in die Öffnung des Läufersteines fließt. Das in den Mahlgang fallende Korn wird durch den Läuferstein in Bewegung versetzt und durch die Fliehkraft zwischen den Steinen nach außen geschleudert. Gemahlen wird das Korn nur auf den äußeren 10 cm des Steinpaares. Das Mehl fällt in die Steinkiste und wird durch den in der Steinkiste entstehenden Luftwirbel bis zum Auslaß transportiert. Hier fällt es durch die Mehlpfeife in den angehängten Sack.

In Poghausen, Landkreis Leer, Gemeinde Uplengen, haben im November 1985 Experten des Berliner Museums für Verkehr und Technik mit einem eigens aus Berlin herbeigeschafften Kranwagen den Galerieholländer mit Windrose und Jalousieflügeln abgebaut und in seine Einzelteile zerlegt. Unter der Leitung von Michael Lehmann wurde mit Zustimmung des Denkmalpflegers aus dem Landkreis Leer das nicht geschützte Bauwerk fotografiert, baulich aufgenommen und auf dem Wasserweg nach Berlin transportiert.
Im Jahre 1911 erbaute der Mühlenbaumeister Mönck aus Ostgroßefehn den Achtkant aus Pitchpine, 1960 wurde der Windbetrieb eingestellt, 1964 gingen die Flügel zu Bruch und 1965 die Galerie und die Windrose.
Frau Foline Bruns – möge die neue Berliner Mühle auf ihren Vornamen so getauft werden! – konnte in ihrem Alter von 75 Jahren wegen der großen Unterhaltungskosten das Bauwerk nicht halten, und da sie nicht an Privatleute zu Wohnzwecken verkaufen wollte, nahm sie das Berliner Angebot an. Dieses löste natürlich im gesamten ostfriesischen Raum Bestürzung, Streit und Unmut aus, und bei Frau Foline Bruns blieb ein Gefühl der Trauer. Ein Trost bleibt: der zweigeschossige Unterbau ist mit eigens dafür in Berlin gebrannten Steinen wieder aufgemauert, und bald wird sich der Holländer 500 Kilometer weiter östlich, wie der Erdholländer aus Wiesedermeer im Deutschen Museum in München, im Berliner Winde drehen. Dabei wird ihr eine aus der Deutschen Demokratischen Republik angekaufte Bockwindmühle Gesellschaft leisten.
Poghausens Galerieholländer wird weiterleben – wenn auch in Berlin!

Im Neuenhausener Ortsteil Veldhausen ist am Donnerstag, dem 22. Oktober 1987, durch den niedersächsischen Minister für Wissenschaft und Kunst, Dr. Johann-Tönjes Cassens, der betriebsfertige Galerieholländer mit Steert und Segelflügeln nach einer grundlegenden Restaurierung mit einem Kostenaufwand von 550 000,– DM und einem großen Mühlenfest eingeweiht worden. Der Arbeitskreis im VVV Neuenhaus unter der Leitung von Ulrich Weiß hatte sich seit 1984 der Restaurierung dieses markanten Baudenkmales angenommen und die Planung für den Wiederaufbau dem Architekturbüro Hermann Reuring aus Neuenhaus übertragen. Die Arbeiten für die Mühlenteile wurden durch den holländischen Mühlenbaumeister Bernhard Wintels aus Denekamp durchgeführt. Eine typische holländische gußeiserne Flügelwelle von 3,75 t Gewicht wurde zum Antrieb des Kornmahlganges eingebaut.

Vor fast 200 Jahren – am 3. Mai 1789 – begannen Meister Dugge und der Mühlenbaumeister Arnd Meendering mit dem Bau. Der 13,20 m hohe Turm wurde aus Bentheimer Sandsteinen hergestellt. Die Schlußrechnung schloß mit 2924 Reichstalern und 39 Stüber ab. Am 1. Oktober 1790 wurde dann die Mühle in Betrieb genommen und in einer wechselvollen Geschichte bis 1929 von verschiedenen Müllern betrieben. Der in den Jahren 1949 bis 1952 diskutierte Abriß unterblieb. 1974 erwarb die Stadt Neuenhaus die Mühle.

Das seltene Müllerhandwerk wird jetzt in Veldhausen durch den niederländischen Müller Derkmann von der Nikolaasmühle in Denekamp in Ausbildungskursen mit etwa 200 Stunden vermittelt. Bereits fünf Hobbymüller sind ausgebildet und werden für den Mühlenbetrieb verantwortlich zeichnen.

Im Landkreis Vechta in der Gemeinde Neuenkirchen (Oldenburg), Ortsteil Nellinghof, liegt am Kronlager Mühlenbach, umgeben von hohem Baumbestand, eine kombinierte Wind- und Wassermühle.
Sie gehörte zur Gutsanlage des Hofes Kronlage, wurde im Jahre 1852 erbaut und ist unter den Mühlen in Niedersachsen, wenn auch nicht komplett, besonders erwähnenswert, weshalb sie hier, obwohl eigentlich in Bd. I gehörend, nachträglich verzeichnet wird. Sie ist als Baudenkmal eingestuft und außer Betrieb. Die hölzerne Achse des ehemals oberschlächtigen Wasserrades ist noch vorhanden und der Galerieholländer zur Wohnmühle umgebaut. Noch heute gibt es Mahlrechte, zwei Mahlwerke befinden sich in der Mühle, und das ehemalige Sägegatter ist im Anbau erkennbar. 1932 wird der Wassermüller Anton Droste-Rehling erwähnt. Im Jahre 1948 wurde vom Besitzer die eiserne Flügelwelle verkauft, so daß keine Flügel mehr angebracht werden können. Die Familie Dr. Zöller aus Osnabrück erwarb im Jahre 1976 das Anwesen und restaurierte es unter Auflagen des Landkreises Vechta mit Neuenkirchener und Ankumer Handwerkern. Der dreigeschossige achteckige Unterbau aus Bruch- und Ziegelsteinen wurde ausgebessert. Die Galerie ist vorhanden und der beinahe zur Ruine verfallene Achtkant mit Rotzederschindeln verkleidet. Die Kappe erhielt eine schwarze Pappeindeckung. Die umgebenden Gebäude befinden sich in einem sehr guten baulichen Zustand. So hergerichtet, kann die Mühle neben ihren Schwestern, der Klostermühle in Minden-Lahde und der Hüvener, bestehen. Möge es zu einem späteren Zeitpunkt gelingen, das Wasserrad, für das die Staurechte nach Auskunft des Besitzers noch vorhanden sind, zum Laufen zu bringen und die Flügel wieder einzubauen.

In der Stadt Melle, im Ortsteil Drantum, steht inmitten einer Wohnbebauung in der Meyer-zum-Gottesberge-Straße ein achteckiger Erdholländer als Binnenkruier (von innen drehbar) neben dem Müllerhaus.
1860 wurde diese Windmühle vom Mühlenbauer Schröder errichtet und betrieben. Nach dessen Konkurs konnte im Jahre 1899 der Vater des heutigen Besitzers, Heinrich Due, die stark heruntergekommene Mühle erwerben. Danach ging es bergauf, und, wie die älteren Meller und Drantumer noch wissen, die Mühle wurde bekannt dafür, daß es hier das beste und feinste Mehl weit und breit zu kaufen gab. Die Kapazität betrug pro Tag 1 t Feinmehl oder 5 t Schrot. Die gesamte Anlage wurde bis zum Jahre 1910 durch Wind betrieben, und heute arbeitet August Due in der Mühle mit Motorkraft für zwei Schrotgänge, einen Ausmahlgang, einen ganz modernen Doppelstuhl, eine Schwingsichte mit zehn Mehlsieben, eine maschinelle Reinigungsanlage, eine Mischanlage für Weizenmehl und eine dänische Hammermühle.
Mit erheblichen finanziellen Mitteln ist dieses kulturhistorische Baudenkmal von der Stadt Melle, die einen erfahrenen Mühlenrestaurator hinzugezogen hatte, soweit wieder instand gesetzt, daß Müller August Due die großen Segelflügel mit Hilfe eines E-Motors zu Demonstrationszwecken laufen lassen kann.

Die ersten Planungen zum Bau einer Windmühle in Glandorf datieren etwa auf das Jahr 1835. Seinerzeit waren die Bauern dieser Region auf vier Wassermühlen angewiesen.
Die Müller erhielten für die von ihnen geleistete Arbeit keinen Mahllohn in bar. Vielmehr wogen sie 8 bis 12 % (je nach Feuchtigkeit) aus dem gemahlenen Getreide als Lohn für sich heraus. Diese Regelung führte häufig zum Streit und dürfte auch der Anstoß dafür gewesen sein, in Glandorf eine Windmühle zu errichten. 1839 waren sich die Beteiligten einig und beantragten beim königlichen Amt zu Iburg die Genehmigung. Widersprüche seitens der Wassermüller erhoben sich am 10. 2. 1839. Das Amt in Hannover entschied zugunsten des Windmühlenbaues.
1839/40 wurde der Bau vollzogen (Steine aus Iburg).
Im Jahre 1960 wurde der Mahlbetrieb völlig eingestellt. Im März 1970 erwarb die Gemeinde Glandorf die Mühle und renovierte sie unter finanzieller Mithilfe Dritter.
Der Windmühlenverein Glandorf e. V. veranstaltet in jedem Jahr im September einen „Meulendag“. Hervorragende Bauaufnahmen existieren von diesem Binnenkruier (innen drehbare Mühlenkappe).

In der niederländischen Provinz Groningen, inmitten der Stadt Delfzijl, mit der Nummer 28 im Mühlenregister, liegt in der alten Festung auf dem sog. Mühlenberg, der größtenteils abgetragen ist, der dreigeschossige Galerieholländer mit Steert und Segelflügeln.
Der Name dieser Mühle ist „Adam", und sie ist seit 1945 im Besitz der Stadt Delfzijl.
Die Mühle wurde 1875 erbaut, damaliger Müller war H. Geertsena. Der Achtkant und die Kappe sind mit neuerem Material verkleidet, die Flügel haben eine Spannweite von 23,75 m. In den Jahren 1958/1959 fand eine grundlegende Restaurierung durch den Mühlenbaumeister J. D. Medendorp aus Zuidlaren statt. Der Kostenaufwand betrug 27 054 holländische Gulden. Am 14. Mai 1959 wurde die Mühle offiziell wieder in Betrieb genommen, nicht so sehr als Kornmühle, doch als Museum mit dem Namen „Exposite Molen Adam" (Museum-Mühle Adam).

Nachdem Seiner Königlichen Majestät in Preussen, unserm allergnädigsten Herrn, in Unterthänigkeit hinterbracht worden, daß bey dem Mühlen-Wesen in dieser Provinz allerhand schädliche Unordnungen eingerissen sind, wodurch verschiedene Mühlen fast Mangel an Nahrung leiden, und zuletzt, dem Publico zum Nachtheil, gäntzlich ruiniret, mithin das Landesherrliche Mühlen-Regal, und die davon fallende Revenuen geschmälert werden dörften: So haben allerhöchstgedachte Seine Königl. Majestät sub dato Berlin den 12. Febr. a. c. allergnädigst verordnet, daß zwar jede Mühle im Lande vorerst bey ihrer bisherigen Einrichtung gelassen, und diejenige, welche bis hiezu für das Gemahl Geld genommen, fernerhin Geld nehmen, hingegen welche Matten oder Metze genossen, weiter dabey verbleiben, denen Unterthanen aber, welche in Königlichen Flecken und Aemtern wohnen, verboten seyn solle, in der Stadt Emden und in denen adelichen Herrlichkeiten mahlen zu lassen, doch so, daß denenselben frey bleibe, sowol in den Flecken oder das Amt, worin sie wohnen, als ausser demselben in andere Aemter, wo es ihnen am besten gefällig, ihr Getrände zur Mühle zu bringen, wenn nur diese eine Königl. Zeit-Erbpachts- oder Windgelds-Mühle ist, wie dann auch kein Müller in der Stadt Emden, und in denen adelichen Herrlichkeiten sich unterstehen soll, sein Mehl respectivè ausserhalb der Stadt und denen Herrlichkeiten an unmittelbare Königliche Unterthanen gegen ungebrochenes Getrände zu vertauschen, oder auch dasselbe hausirender Weise wider das Hausier-Edict zu verkaufen.

Es wird dannenhero allen und jeden Müllern und Mühlen-Gästen hiedurch ernstlich, und bey Strafe 10 Rthlr. so oft dawider gehandelt wird, anbefohlen, sich nach dieser Königlichen allerhöchsten Verordnung genau zu richten, auch allen und jeden Obrigkeiten, wie auch Gerichts-Bedienten, aufgegeben, dahin zu sehen, daß die Contraventiones gehörig denunciiret, und bestrafet werden, inmassen dem Denuncianten, der seine Angaben erweißlich machen kan, jedesmal von der zu dictirenden Brüche der dritte Theil zugewendet, und ausgezahlet, und desselben Namen verschwiegen werden soll.

Gegeben auf dem Hause Aurich den 1. Julii 1754.

Königl. Preussische Ostfriesische Regierung, wie auch Kriegs- und Domainen-Cammer.